D1752200

Tagebuch der Sehnsucht

Impressum

Das «Tagebuch der Sehnsucht» ist im Rahmen des Kulturprojekts «Sehnsucht» von der Albert Koechlin Stiftung entstanden und herausgegeben worden.

Projektidee:
Romano Cuonz, Sarnen

Herausgeber:
Franz Bucher, Wilen und Horw
Romano Cuonz, Sarnen
Christian Bucher, Horw

Künstlerischer Teil:
Bilder: Franz Bucher, Wilen und Horw
Texte: Romano Cuonz, Sarnen
Musik: Christian Bucher, Horw

Projektleitung:
Peter Bucher, Horw

Projektbegleitung:
Nicole Eller Risi, Engelberg
Geri Dillier, Sachseln
Erich Keiser, Stans
Urs Sibler, Stans

Produktion:
Gesamtherstellung: Druckerei Odermatt AG, Dallenwil
Produktionsleitung: Erich Keiser
Gestaltung: Andrea Winterberger
Fotografie: Rob Nienburg, Horw
Bildbearbeitung: Simon Voegele
Einband: BUBU AG, Mönchaltorf

ISBN: 978-3-907164-41-9

© 2016, Franz Bucher; Romano Cuonz; Christian Bucher; Druckerei Odermatt AG

Bilder   Texte   Klänge

Tagebuch der Sehnsucht

Franz Bucher – Romano Cuonz – Christian Bucher

Dank

Dieses Buch ist im Rahmen des Kulturprojekts «Sehnsucht» der Albert Koechlin Stiftung erschienen. Erstmals vorgestellt wurde es von Franz Bucher, Romano Cuonz und Christian Bucher anlässlich einer Ausstellung mit Lesungen und Klangbildern im Tal Museum Engelberg und im Museum Bruder Klaus Sachseln.

Unser Dank gilt folgenden Stiftungen und Förderern:

– Albert Koechlin Stiftung

– Kanton Obwalden

– Kanton Nidwalden

– Kunst- und Kulturkommission Horw

– Gemeinde Engelberg

– Gemeinde Sarnen

– Gemeinde Sachseln

– Stiftung Obwaldner Kultur

– Gemeinnützige Gesellschaft Luzern

– Casimir Eigensatz Stiftung

– Sarna Jubiläums-Stiftung

– Maxon Motor

– Luzerner Kantonalbank

– Stiftung Dr. Robert und Lina Thyll-Dürr

– Ruth Reinhard, Sachseln (privat)

	Ein Jahr Sehnsucht	06
Januar	Versuche über Sehnsucht	09
Februar	Paris, eine Erinnerung	17
	Kerzen und Latein	
März	Das Kloster an der Lorze und die Düfte	27
April	Löwenzahn	37
Mai	Petrarca und das Heldentum	45
	Aubanel und der schimmernde Schein	
Juni	Die Schatten des Doubs	55
Juli	Der verrückte Wunsch ein Gedicht zu schreiben	65
August	Pilger und Geschichten	73
September	Nkosi sikelel iAfrika – Herr, segne Afrika	81
Oktober	Der Geruch nach Arvenholz	91
November	Und das ewige Licht	101
Dezember	Wunderbar behütet und verschont	109
	Sehnsucht in Klangbildern	118
	Künstler-Porträts	119
	CD Sehnsucht in Klangbildern	

Ein Jahr Sehnsucht

Definieren wir Sehnsucht als brennendes Verlangen nach der Vergangenheit, oder doch eher als ein inniges Begehren nach Personen, Sachen, Orten inner- oder ausserhalb unserer Reichweite? Ist Sehnsucht ein Antrieb, der uns lebendig hält und in die Zukunft gerichtet ist? Lassen sich solch starke Bedürfnisse, wie sie die Sehnsucht weckt, fassen und erfüllen, oder entziehen sie sich und fachen so unsere Sehnsucht erst recht täglich neu an? Haben wir eine gemeinsame Sehnsucht, die alle oder die meisten teilen, wie es Romano Cuonz im abschliessenden Text des «Tagebuchs der Sehnsucht» formuliert: «Ein Jahr lang sind wir – ein Künstler, ein Musiker und ein Schreibender – nun ‚in der Gesellschaft der Menschen' unterwegs gewesen. Jeder für sich. Nach der Sehnsucht wollten wir greifen. Jeder mit seinen Ausdrucksmitteln. Und doch haben wir von diesem oft vagen und schwer begreifbaren Gefühl nur eine Ahnung bekommen. Eine Gewissheit aber haben wir von unseren Reisen an verschiedenste Orte mitgenommen: Dass es immer und überall Menschen mit einer grossen Sehnsucht nach Frieden gab und gibt.» Romano Cuonz war es auch, der auf eine Ausschreibung der Albert Koechlin Stiftung mit dem Projekt «Tagebuch der Sehnsucht» reagierte, in das er seine Künstlerfreunde Christian Bucher und Franz Bucher einbezog.

Franz Bucher mit Zeichnungen, Christian Bucher mit perkussiven Klangbildern und Romano Cuonz in Prosa einigten sich, während des Jahres 2015 ihre Empfindungen und Eindrücke mit ihren je eigenen Mitteln festzuhalten. Zum Jahresanfang 2015 trafen sich die drei in der Stiftsbibliothek des Klosters Engelberg und starteten zu einem einjährigen Kulturprojekt. Auf ihren individuellen Wegen durchs Jahr richteten sie den Fokus auf die Sehnsucht.

Am Jahresende trafen sie sich wieder im Flüeli-Ranft. Sie fügten ihre Bilder, Texte und Klänge zu einem «Tagebuch der Sehnsucht» samt CD zusammen. Was einfach tönt, bedingte trotz grosser Freiheit, welche das Konzept dem Einzelnen zubilligte, regelmässige Treffen und Absprachen zusammen mit einer Begleitgruppe, die den Blick auf die geplante Publikation richtete, die Sie jetzt vor sich haben.

Franz Bucher, der Obwaldner Kunstmaler in Horw, der seit Jahrzehnten täglich seine Tagesblätter kreiert: Zeichnungen oder Aquarelle als seismographische Aufzeichnungen von Orten, Landschaften, Situationen, Begebenheiten, Personen, die er porträtiert, innere Bilder, die er zu Zeichen verdichtet. 365 Werke parallel zu Gemälden, Grafiken, Wandbildern, die den Künstler immer wieder herausfordern. Landschaft ist häufig das Transportmittel für seine künstlerische Botschaft, die von Ruhe und Halt wie von Bewegung und Erschütterung berichtet.

Diese Stichworte lassen sich auch auf Romano Cuonz' Prosatexte anwenden. Wie Franz Bucher mit seinen Bildern gibt Romano Cuonz mit seinen Texten Existenzielles von sich preis. Er lässt uns teilhaben an Schilderungen und Überlegungen, er findet poetische Bilder für Menschen und Landschaften. Erinnerungen und Beobachtungen formuliert er so, dass sie auch uns angehen. Sie bezaubern und verwandeln uns mit ihrer Klarsicht aus der zeitlichen Distanz oder mit dem Auskosten des Augenblicks. So werden Texte und Bilder zu Gedankenanstössen für die Leserinnen und Betrachter.

Die Zuhörer, jene, die von Tönen berührt werden und die Musik als Heilmittel und als Energiespender schätzen, können sich auf den Dritten der Gruppe verlassen, auf den Perkussionisten Christian Bucher. Dieser spielt Melodien auf seinem Instrumentarium, die in uns Geschichten und Bilder wachrufen, die uns mitnehmen auf imaginäre Reisen durch Raum und Zeit. Christian Bucher, ein Meister der leisen Töne, scheut sich auch nicht vor lauten Ausbrüchen, die sich nicht im Effekt erschöpfen, sondern Teil eines gestalteten Ganzen sind. Er, der häufig mit bildenden Künstlerinnen interagiert, ist beim Bespielen des Tonträgers ganz bei sich und dadurch auch ganz bei uns, wie der Zeichner mit seinen Bildern und der Schriftsteller mit seinen Texten.

Tagebücher werden meist als private Beschäftigung und Auseinandersetzung geführt und folglich unter Verschluss gehalten. Ein Maler, ein Literat und ein Musiker geben uns Einblick in ihre Tagebücher, ohne dass wir zu Voyeuren werden. Dafür sind ihre künstlerischen Ansprüche zu hoch. Sie haben gleichsam an den Rohlingen geschliffen oder im Fall von Franz Bucher einzelne der Tagebuchbilder herausgestellt und ihnen so Prominenz verliehen. Romano Cuonz arbeitete an seinen Monatstexten weiter und formte sie zu dichten Prosastücken. Christian Bucher bringt uns seinen Jahreslauf in einem Konzentrat von zwölf Kompositionen nahe. Freuen Sie sich auf diesen Gang durch ein Jahr mit Klängen, Texten und Bildern von Christian Bucher, Romano Cuonz und Franz Bucher.

Urs Sibler
Leiter Museum Bruder Klaus Sachseln

Januar

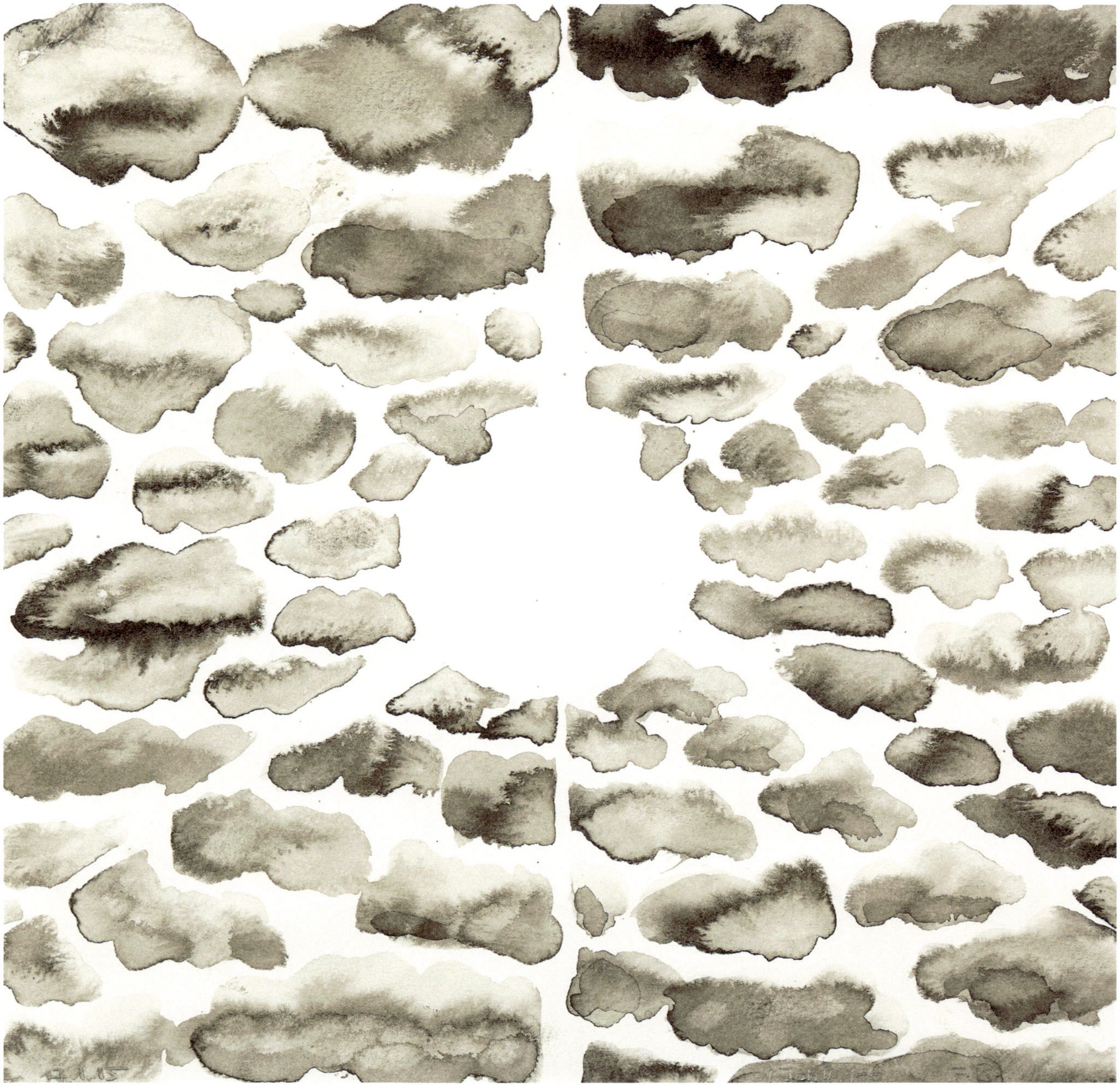

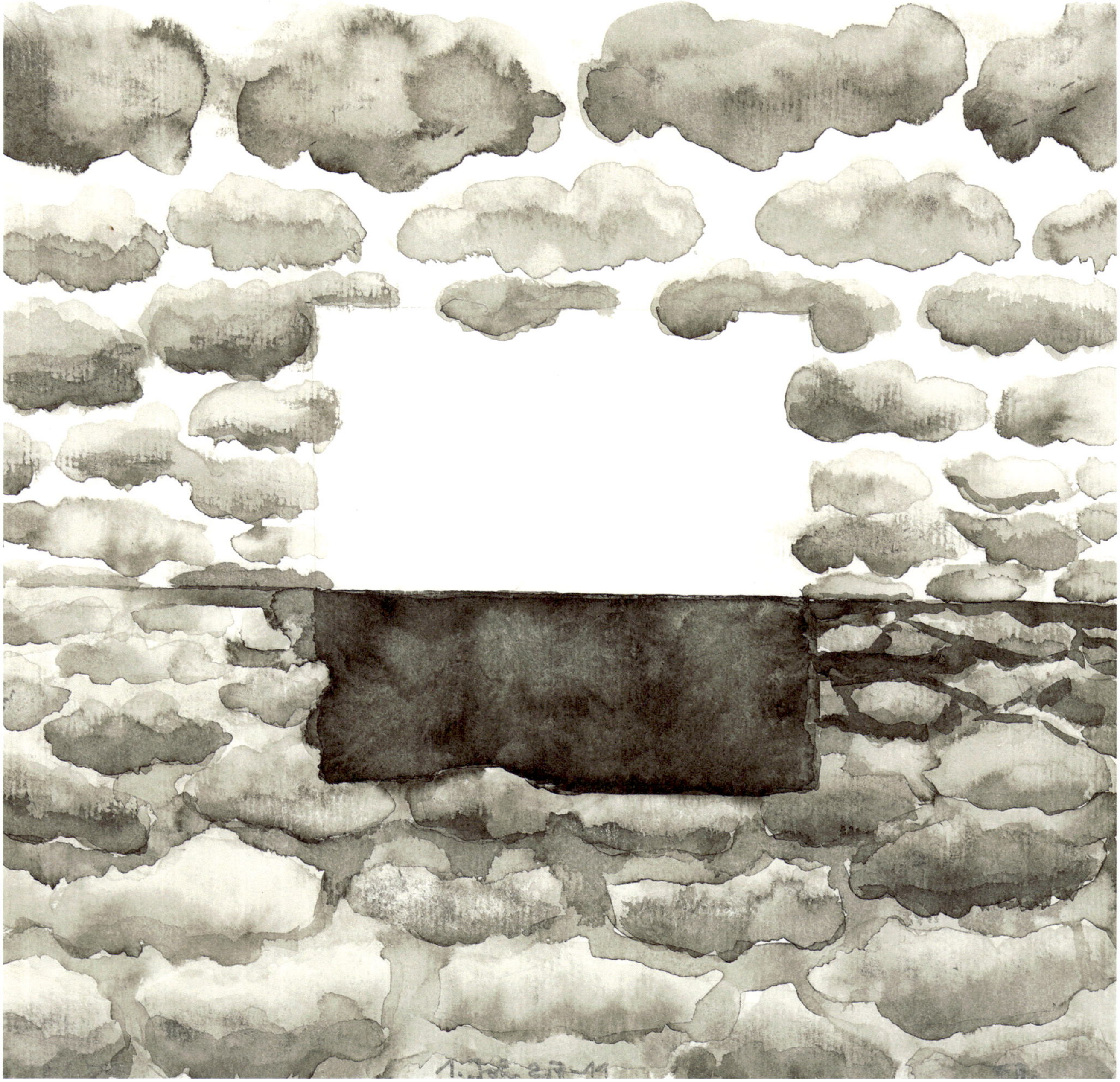

Versuche über Sehnsucht

Hinter dem schmiedeeisernen Tor der Engelberger Klosterpforte wartet Bruder Thomas, der Bibliothekar. Ungeduldig, wie mir scheint. Vielleicht auch neugierig. Oder einfach eifrig darauf erpicht, uns in seine Welt zu führen. Man kann es nicht erkennen. Zu buschig die Augenbrauen über der Brille, zu wuchernd der volle dunkle Bart.

Und der Mönch ist wohl früh aufgestanden. Um zu beten. Die Kälte eines Wintermorgens kriecht durch unsichtbare Ritzen. Hinter diesen Mauern gilt Sankt Benedikts Auftrag: Ora et labora. Winter wie Sommer, und er wird erfüllt: Tag für Tag. Nacht für Nacht.

In weltvergessenen Klosterzellen, so stelle ich mir vor, müssten die mystischen Kräfte noch vorhanden sein. Wer Trost sucht, sehnt sich nach Wundern. Der wache Verstand mag sich gegen Illusionen, Visionen, Trugbilder lange aufbäumen: Versunken ins Gebet wird ausgesprochen, was unaussprechlich ist. Hier, in der Klausur, leben Mönche ihren Glauben. Und da kommt dann dieser brennende Durst. Diese Sehnsucht. Je länger Sehnsucht anhält, je mehr man sie in Worte zu fassen versucht, desto unstillbarer ist sie. Desto unerreichbarer werden ihre Ziele.

Wir – ein Künstler, ein Musiker und ein Schreibender – haben heute Morgen an der Klosterpforte geläutet. Hinter diesen Klostermauern, wo Bruder Thomas in der Stiftsbibliothek zahllose Handschriften und Bücher aus Zeiten und Welten verwaltet, wollen wir Fragen formulieren. Unsere Fragen zu einem Gefühl, das wie kaum ein anderes von Ungewissheit bestimmt ist: zur Sehnsucht.

Was ist es, das sie in uns weckt? Ist es Fernweh? Sind es Erinnerungen an vergangene Zeiten? Sind es Fluchten zu Unbekanntem oder ist es die Rückkehr zum Vertrauten? Ist es das Fremde oder die Nähe, Freiheit oder Geborgenheit? Wollen wir, wenn wir uns sehnen, etwas verändern oder geht es ums Bewahren? Verlangt Sehnsucht nach unendlicher Freiheit oder wohliger Geborgenheit? Sucht sie Herkunft oder strebt sie nach einem Ziel. Ist der Sehnende der Magnet oder ist es das Ersehnte? Ist Sehnsucht Wunsch, Lust, Verlangen, Drang, Gier?

Unsere Versuche: Mit Bildern, Tönen und Worten zu erfassen, was vielleicht unfassbar ist.

Vom Turm läutet die Glocke. Ein Ton. Ein Ton. Noch ein Ton. Töne für Stunden und Minuten, erzeugt von einem Klöppel, der Zeiten überdauert hat und überdauern wird. Ein fernes Echo auf unsere Fragen.

Bruder Thomas geht voran durch weiss gekalkte Gänge. Zur Linken Holztüren, zur Rechten Fenster auf den Garten im Innenhof. Die Fenster haben wabenförmige Muster. Sie sind zugeriegelt und vergittert, erschweren den Blick ins Paradies.

Mittlerweile sind wir am Ende der Zimmerflucht angelangt. Wir stehen vor einer massiven Tür. Der Mönch dreht den Schlüssel, das Schloss knarrt. Für einen Moment zeichnet sich die Silhouette des Mönchs im Türrahmen ab. Licht flutet uns entgegen. Drei Schritte über die Schwelle. Dann verlieren sich unsere Blicke in undurchschaubarer Helligkeit. Im flachen Gegenlicht eines Sonnenstrahls flimmern

Staubpartikel. Nur nach und nach erfassen meine Augen die unzähligen Einzelheiten in dieser Klosterkirche. Die barocke Pracht: Farben und Formen. Die reich verzierten Altäre. Säulen aus rotem und schwarzem Marmor. Das Glänzen und Schimmern von Gold und Silber, Statuen über und neben den Altären. An der Decke Stuckaturen mit reichen Mustern. Und die Orgel: sie beherrscht mit ihren Pfeifen den hinteren Raum. Mächtige gibt es und winzige, kunstvoll angeordnet sind sie, nach Klangfarben sortiert.

> Meine Augen auf Irrwegen: Zuflucht gewähren die alten Bilder.

An der Decke Deschwandens Kreuzabnahme: Über Golgatha im rotblauen Düsterlicht zwei Engel mit Kindergesichtern. Ihre Gewänder flattern. Wallen gar. Und sind doch sorgsam pliiert. Liebliche Randfiguren einer dramatischen Szene. Im Mittelpunkt Maria. Sie hält den zerschundenen Leib ihres Sohnes in den Armen. Joseph von Arimathäa bärtig, breitschultrig, vor ihm der junge Johannes. Beide tief berührt, ja, gerührt.

Pater Eugen, der Klosterkünstler, hat diese Bilder immer wieder betrachtet und sich dazu Gedanken gemacht:

Die alten Bilder,
so süsslich sind sie immer noch,
mein Gott, so furchtbar weich.

Dann konzentrieren sich Eugens Blicke auf die eine Figur, auf die Frau am linken Rand. Die kauert auf der Erde. In der Hand hält sie den Salbkrug, vor ihr steht die Wasserschüssel, liegen die weissen Tücher. Eugens Worte:

Nur Magdalena hockt und hockt,
bäuerlich die Arme, die Flechten
lang und widerfromm und frech.
So war sie doch – nicht anders.

Maria Magdalena, diese unheilige Heilige, die fromme Sünderin. Eine Bauernmagd. Unedel. Sie muss das Verlangen gekannt haben, vorher und nachher. Selbst Deschwanden, der Maler des christlich romantischen Nazarenerstils, hat die widerborstige Frau geerdet. Wider Willen? Oder etwa doch bewusst?

«Auch Benediktiner sind mit ihrer Arbeit geerdet», sagt Bruder Thomas. «Sind nicht sentimental, schweben nicht über die Erde hinweg.»

Wieder führt er uns durch eine lange Folge leerer Gänge. Sie können nicht länger sein als die Kirche, und doch scheinen sie es. Ich habe das Gefühl, mich in einem Labyrinth zu bewegen.

Und dann, ganz plötzlich, eröffnet sich die Welt der zu Blatt gebrachten Gedanken und Gefühle: Tausende dicke und dünne, in Schweinsleder oder Karton gebundene Bücher und Folianten, vom «Gottesstaat» des Augustinus zum unchristlichen Zosimos. Abgesehen von den Büchern ist der Raum recht kahl. Und kalt.

Wo er, der Klosterbibliothekar, auf Buchseiten der Sehnsucht begegne, möchte ich wissen.

Der Mönch steht zwischen tausenden Bücherrücken. Und weiss doch genau, welche Werke er finden will: Hymnen an die Nacht, eine Handschrift. Von Novalis:

Tiefe Wehmut
Weht in den Sayten der Brust
Fernen der Erinnerung
Wünsche der Jugend
Der Kindheit Träume
Des ganzen, langen Lebens
Kurze Freuden
Und vergebliche Hoffnungen
Kommen in grauen Kleidern
Wie Abendnebel
Nach der Sonne,
Untergang.
Fernab liegt die Welt
Mit ihren bunten Genüssen.

Diese wehmütigen Worte, dazu das schummrige Licht in der Bibliothek, all das trübt die Sicht. Bis hin zum Punkt, an dem meine Netzhaut die Fähigkeit verliert, festzuhalten, was die Augen mir eröffnen. Die Konturen von Regalen und Büchern werden verwischt.

*

Aus der Grauzone der Erinnerung taucht sie auf, diese Sehnsucht. Aus deiner fernen Kindheit. Verbracht an stets neuen Orten, in immer anderen Schulen und Internaten mit rigorosen Regeln. Gespielen, Kameraden, Freunde von hier waren dort nicht mehr. Was dir blieb, waren ihre Briefe. Sehnsucht hiess dieser nagende Schmerz, bei fremden Leuten zu sein. Diese Verzweiflung, wenn die vertrauten Bilder in der Erinnerung ihre Farben und Formen verloren. Wenn du die Hoffnung aufgabst, was du liebtest, wieder zu sehen. So wie es war, bevor die Orte namenlos wurden. Und Zeiten ohne Daten.

Dieser Schmerz, der aus Narben bricht, holt dich ein. Wieder und wieder. Heimweh! Noch heute nimmt es Träumen die Farbe. Rüttelt Erinnerungen wach, die du verdrängen wolltest, Erinnerungen, die du längst gelöscht zu haben glaubtest.

*

Wie ich mit meinen Gedanken zurück bin, hat uns Bruder Thomas verlassen. Ist lautlos durch eine der vielen Türen gehuscht.

In der Stiftsbibliothek nur noch wir: Ein Künstler, ein Musiker und ein Schreibender, irgendwie verloren mitten in Büchern ohne Zahl. Worte für Sehnsucht wollten wir suchen. Wollen wir weiter suchen.

Nun hängt jeder seinen eigenen Gedanken nach.

Über Sehnsucht kann man lesen.
Nachdenken.
Schreiben.
Sprechen fällt schwer.

Kloster Engelberg,
Januar 2015

22.1.15

1 Joh 4,11-16

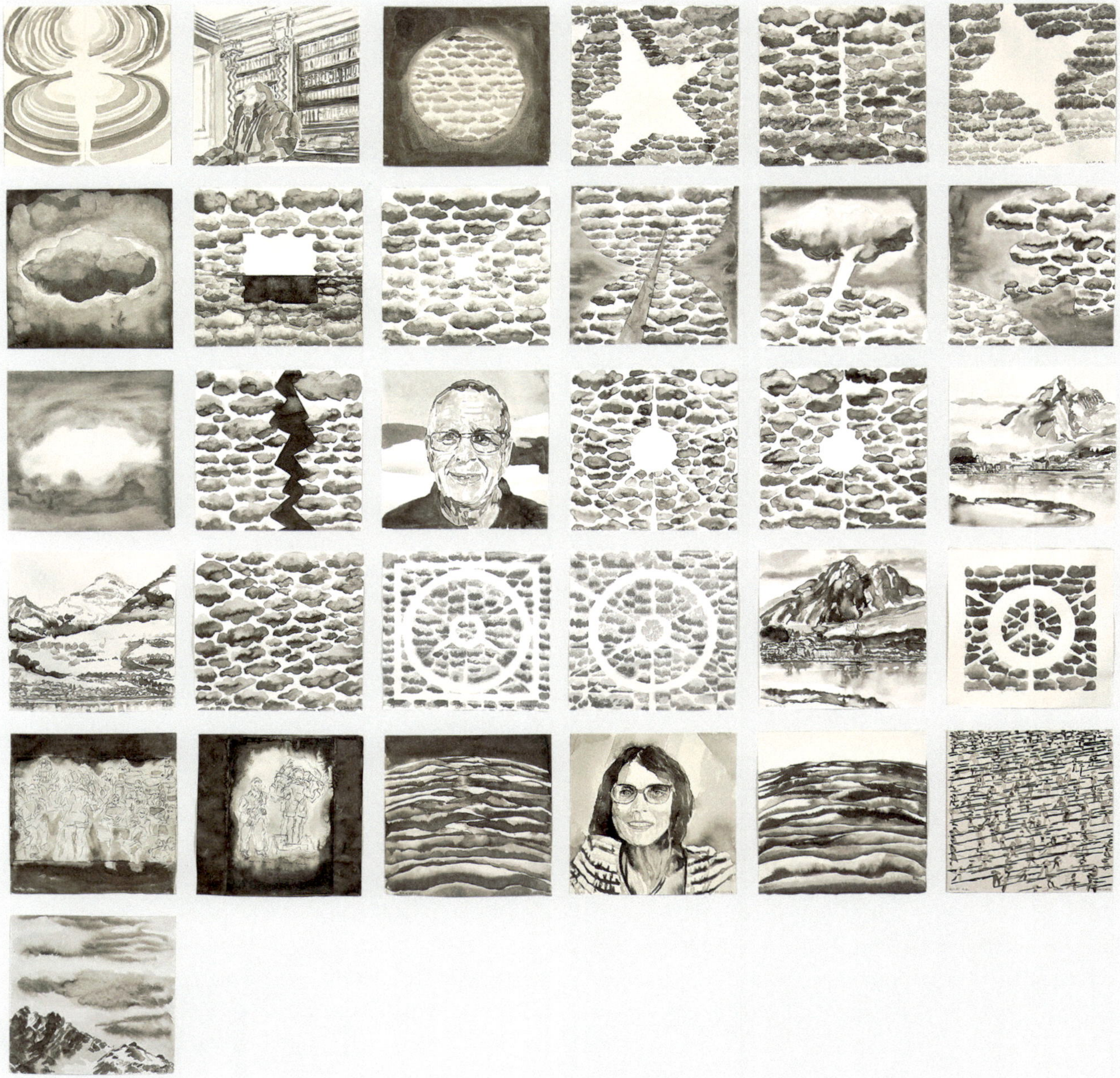

Februar

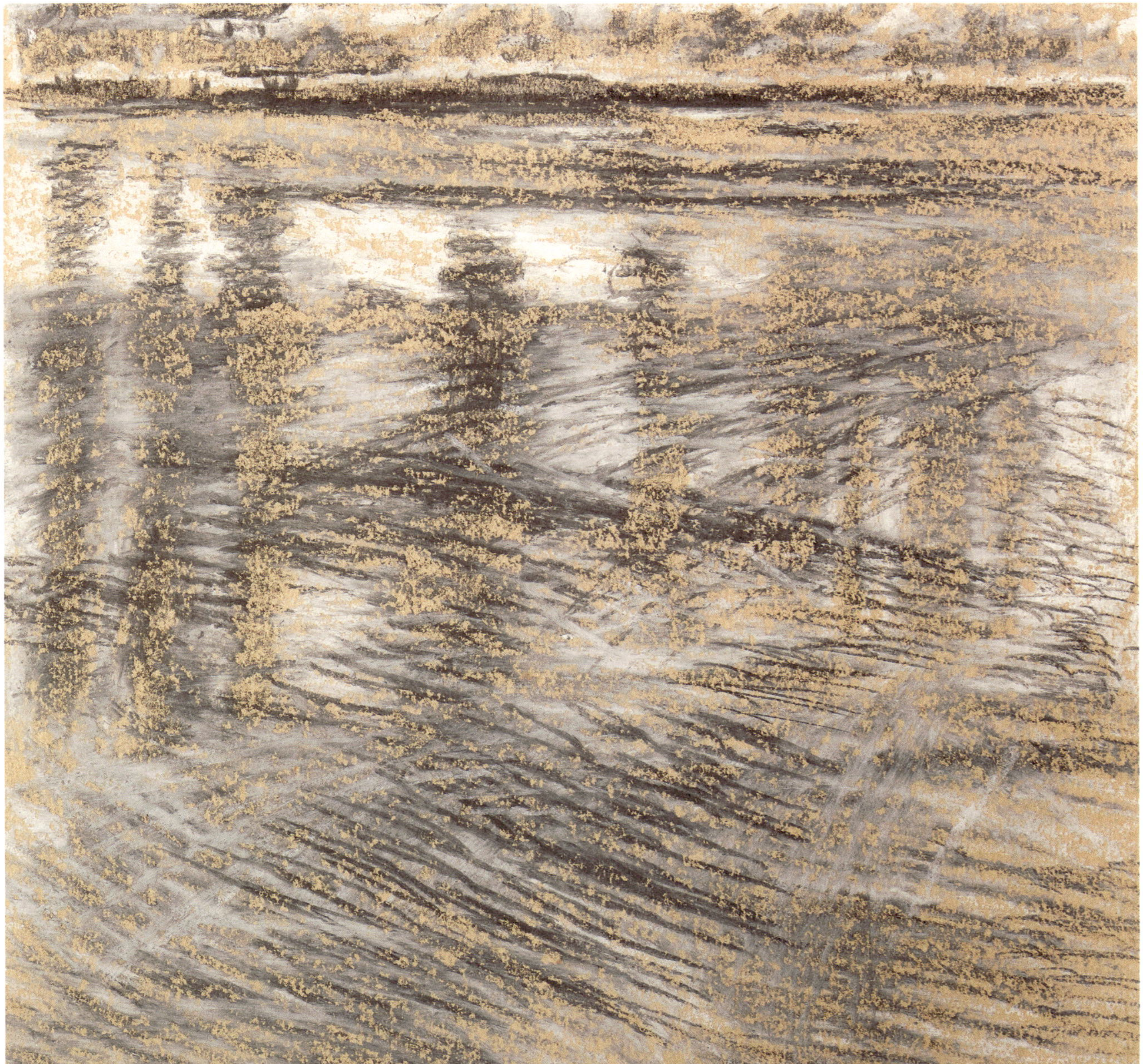
MK1,12–15
F.B.

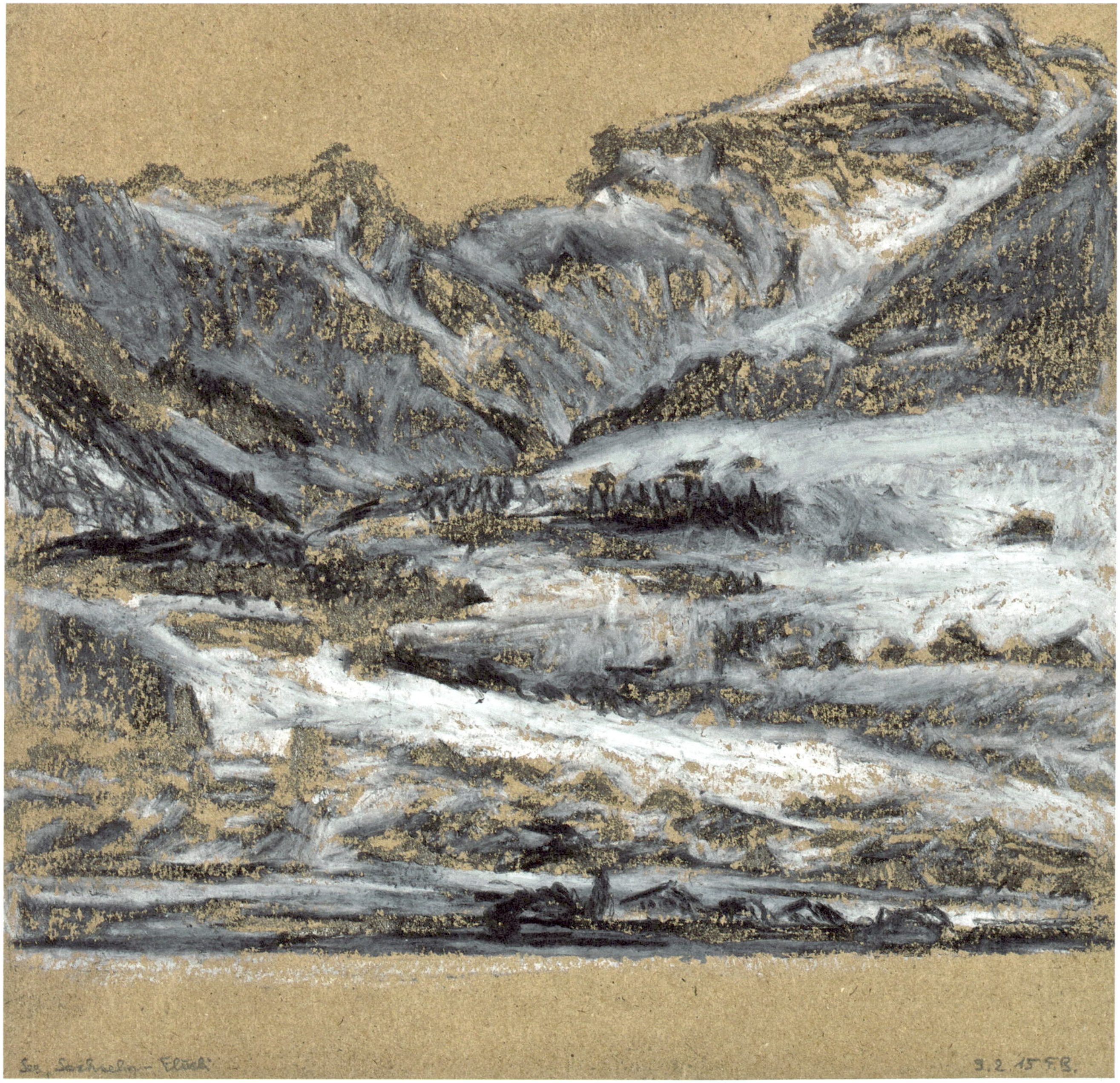
See, Sachseln – Flüeli
3.2.15 F.B.

Paris, eine Erinnerung

Réamur Sébastopol! … Strasbourg St. Denis!

Kaum zu verstehen die Ansagen aus dem Lautsprecher, unlesbar das ewig gleiche Grau der endlosen Tunnelröhren, das zerfliessende Neonlicht. Die Stationen der Linie 4 blättern vorbei wie die Seiten eines Bilderbuches, das man fast schon auswendig kennt und doch stets von neuem erzählt haben möchte.

Château d'eau!

Feierabend in Paris: Züge kreuzen sich in ständigem Hin und Her. Immer noch mehr Menschen drängeln in schon überfüllte Wagen. Von der Arbeit gezeichnet die einen, müde, erschöpft, bedrückt. Wieder andere voll Energie und Hektik, weil für sie der Tag erst beginnt.

Man sitzt – oder steht – dicht gedrängt: Ein stummer Zusammenzug von In- und Ausland auf engstem Raum, von Kontinenten auf wenigen Quadratmetern. Hier ist einer dem andern fremd und doch direkt ausgesetzt.

Gare de l'Est!

Es riecht nach Chanel N°5 und billigen Deo-Sprays. Nach Ausdünstungen, geschmiertem Leder und Nikotin, der in den Kleidern klebt. Aus Stationsschächten dringt Gas in die Züge, dieser üble Gestank nach faulen Eiern. Dazu mischen sich die Gerüche vom Schmieröl des Räderwerks oder vom verbrannten Kunststoff, wenn die Züge zu brüsk bremsen müssen.

Gare du Nord!

Der penetrante Geruch von Imbissständen überlagert alle andern Gerüche. Frittierter Fisch oder Chicken? Pommes?

Barbès Rochechouart!

Was für ein Wort! Ich wiederhole es für mich. Murmle es. Mal für Mal. Geniesse den langen, rauschend weichen Klang: Barbès Rochechouart… Bis die Anzeigetafel rattert und unsere Zielstation ins Zentrum rückt.

Château rouge!

Bienvenu im 18. Arrondissement. Montmartre! Vor beschlagener Scheibe gleitet eine Kinowerbung heran und bleibt stehen: Omar Sy, der François Cluzet im Rollstuhl vor sich her schiebt…

Les intouchables!

Das hallende Geräusch der automatisch schliessenden Türen in unserem Rücken, werden wir in der Menschenmenge vorwärtsgetrieben. Von einem eisig kalten Luftzug, immer dem Ausgang zu.

Bei der Treppe hat sich eine Bettlerin quer gelegt, stemmt sich mit den Krücken gegen den Strom. Ihr Gesicht ist eingemummt. Neben sich hat sie eine Tüte, vor sich einen Plastikbecher. Kaum merkbar das Zucken ihrer Lippen, wenn die Münze hineinfällt.

Warum habe ich – wo ich doch die unberührte Natur mehr liebe als alles – immer auch dieses Verlangen nach der Farbigkeit und den Gerüchen der Stadt. Nach dieser Symphonie aus einlullendem Lärm und nicht benennbaren Geräuschen?

Vor meinen Augen taucht verschwommen eine kleine Stadt auf, und im Ohr habe ich einen Refrain des Liedermachers Walter Lietha:

Chur du alti, alt vertrauti,
blibsch halt wia da bisch,
mit dina Wichtli, und dina Gschichtli,
du khörsch wia d' Suppa uf da Tisch.

*

Chur, die kleine, alte Stadt, wo ihr Kinder schon in der Schule lerntet, wie ihr den goldenen Ring des Bischofs küssen müsst, wenn ihr Exzellenz auf dem Schulweg zufällig begegnen solltet.

Mit Paris, London oder Berlin durfte sich die Stadt am Rhein nicht vergleichen. Doch für dich, den kleinen «Khurer Kindsgibuob» war Chur eine Grossstadt. Du liefst jeden Tag ganz alleine vom Hotel Marsöl unterhalb des bischöflichen Schlosses an den Plesur zu den gestrengen Ilanzer Schwestern ins Constantineum.

Zuerst ging es neben der Martinskirche eine kopfsteingepflasterte Treppe hinunter. Am Ende, direkt neben dem spitzen Kirchturm, war die Bäckerei Möhr: Von weitem schon roch es nach frischgebackenen Schoggi-Püürli. Und immer hattest du dafür einen Zwanzigräppler von Mutter dabei.

Dann ging dein Schulweg über den gepflasterten Martinsplatz, wo auf der Heiligenstatue blaugraue Stadttauben sassen. Mit Wasserspritzern brachtest du sie zum Aufflattern.

Durchs verwunschene, dunkle Bärenloch, das von alten Höfen überragt und umzingelt wurde, ranntest du. Ranntest schnell, weil es dort aus einem halboffenen Pissoir widerlich nach Urinsäure und Desinfektionsmittel stank, und weil von den mannshohen Kohlenlöchern unter den Häusern Modergeruch aufstieg. Die Bären?

Die Erlösung kam am Ende des Häusertunnels: Dort hatte der Italiener um diese Zeit vor seinem Laden schon Holzkistchen mit duftend frischen Früchten, roten Tomaten, grünen Gurken und gelben Peperoni aufgestellt.

Aus den Gärten am Plesur-Quai, die über dir schwebten, strömte an föhnigen Tagen das Parfüm von Blumen, die du nicht beim Namen nennen konntest. Und in den hohen Bäumen des Klostergartens empfingen dich singende Vögel.

*

Paris lebt lauter und hektischer und greller als die alte Stadt meiner Kindheit. Wenn wir oben an der Treppe die Metrostation verlassen, ist da das grosse Licht. Der Boulevard Barbès mit den blinkenden, flimmernden Leuchtreklamen wird zum endlos lodernden Feuer. Ein paar Schritte weg vom Ausgang, und schon stehen wir mitten drin. Der von vielen Schwarzen, Algeriern und Arabern bevölkerte Platz ist umringt von Polizisten. Nach dem Anschlag auf Charlie Hebdo vor einem Monat ist auch im Montmartre nichts mehr wie es war. Der alte Stadtteil mit den vielen Fremden steht in ständigem Verdacht.

Soll der Anblick der Polizisten die Leute in Amélies fabelhafter Welt beruhigen, soll er ihre unsichtbaren Feinde einschüchtern?

Und doch gibt es sie noch, die Hügelstadt, in der Renoir und Degas malten, Berlioz komponierte und Zola schrieb. All den Ängsten und Sorgen zum Trotz. Und sie ist sogar noch ein klein wenig so, wie man sie sich vorstellt: das Quartier Latin, bevölkert von heruntergekommenen Intellektuellen mit Berets auf dem Kopf und Gauloises im Mund, von wunderlichen Käuzen, schwarzen Strassenhändlern und Frauen mit knapper Bekleidung.

Für mich hat sie einen literarischen Kitzel, die «butte Montmartre». Mit ihren ineinander verschlungenen, ansteigenden, häufig in Treppen übergehenden Strassen. Mit alten Häusern, die sich schützend über Bordsteine und Senkgruben voller Unrat beugen.

Ins Tagebuch schreibe ich:

> …von der Metro-Station steigt die Rue Custine sanft hügelan. Händler halten hier Obst, Gemüse, Wein und Spirituosen feil. In bunter Fülle und Reichhaltigkeit aufgetürmte Orangen, Grapefruits, Äpfel, Blumenkohl oder Auberginen. Gebündelt Zwiebeln, Knoblauch und Kräuter.

> …am Strassenkreuz der Trödler: er steht vor seinem Geschäft, spricht Kunden an und umwebt seine Kostbarkeiten mit einem Geheimnis. Im Schummerlicht der Ladenhöhle ist Kunst und Kitsch neben- und übereinander aufgetürmt.

Während ich notiere, hallen Heultöne durch Gassen und Häuserfluchten. Spätestens jetzt müsste ich mir eingestehen: Es sind nicht mehr die flics mit den weissen bâtons, die Montmartre im Griff haben, sondern Polizisten mit Maschinengewehren, die Sicherheit vortäuschen.

> …die Friseurinnen im Salon an der Rue Custine arbeiten noch. Unter den Trockenhauben flimmert die Luft.

> …im Waschsalon rotieren über- und nebeneinander Automaten. Ein alter Mann sitzt auf einem Bänklein und wartet auf seine Wäsche. Die Trockner-Trommel dreht sich unentwegt. Noch einige Minuten an der Wärme.

Auch wir suchen Wärme. In der bevölkerten Marktstrasse, die hinauf zur Sacré-Coeur führt, gibt es viele Strassencafés. Die Kellnerin nimmt das Notizbuch und einen Bleistift und wartet auf die Bestellung. Wenn sie die Tassen unter die Maschine stellt, zischt und brodelt es.

Später, wie wir zum Appartement gehen, hören wir, wie einer an einer verrammelten Tür rüttelt. Am Bordstein liegt eine halbe Banane und auf dem Bauplatz, wo schon lange niemand mehr baut, schlottert Plastik im Wind.

Latein und Kerzen

Sonntagmorgen: Paris, die Stadt des berühmten Turms und der schönsten Kirchen erwacht. Vor den Cafés und Bäckereien werden die Rollladen hochgezogen. Der Nougatverkäufer reiht auf seinem Marktwagen Süssigkeiten auf; für ihn soll es ein Festtag werden.

An diesem Morgen – wir sind unschlüssig und offen für alles – nehme ich wahllos Faltprospekte vom Bücherbord. An einem Zettel bleiben meine Augen hängen. Darauf steht mit goldenen Lettern:

Horaires du sanctuaire Basilique du Sacré Coeur de Montmartre: 11 h Messe de Solennitée concélébrée, suivie d'une procession eucharistique.

Wir sind schnell entschlossen, machen uns auf den Weg zur Sacré-Coeur, steigen die vielen Stufen zur Basilika hinauf, werfen immer auch wieder einen Blick zurück. Wir haben Paris zu unseren Füssen:

Im Dunstkreis.
Unüberblickbar.
Undurchschaubar.
Nie wirklich fassbar.
Verschwommen die Silhouetten.
Eine riesige Stadt im matten Licht eines Wintertages.

Plötzlich, mitten in ruhige Augenblicke hinein, beginnen die Glocken zu läuten. Das ist das Zeichen. Moderne Reisebusse tauchen auf. Sie sind ausgerüstet mit Klimaanlagen und Lautsprechern, fahren ihre Gäste ganz nahe an den Hügel heran.

Der Einfall der Gruppenreisenden: die Aufregung wird immer grösser. Auf den Stufen und Plattformen stehen die Fotografen. Sie grätschen ihre Beine wie Stativstützen, nehmen ihre Zielpersonen ins Visier der Objektive. Diese kauern in Nischen, posieren auf Bänken oder bevölkern wie eine Herde Ziegen den Rasen von Sacré Coeur. Sie lachen und lächeln.

Wir sind mittendrin.
Wir werden geschubst.
Wir werden geschoben.

Neben der Warteschlange geht eine Frau – ist es eine Nonne? – auf und ab. Sie spricht die Leute mit Bonjour an und streckt ihre Hand aus. Ab und zu zeigt sie auf Seguins Statue, hoch über dem Portal: Jesus mit einem grossen, offenen Herzen.

Die Leute klauben Münzen aus ihren Taschen. An Sonntagen sind die meisten gut gelaunt und freundlich. Wie in einem Chanson von Mano Solo:

*…et j'avais le sacré cœur qui palpitait tout bas,
mais les touristes ne sont pas tristes,
ils te font des sourires gentils,
un peu gênés mais très polis …*

Während die berittene Jeanne d' Arc oben auf ihrem Sockel das Schwert gegen immer neue, immer andere Feinde Frankreichs erhebt und Louis IX erhaben aber gnädig von seinem Pferd auf das Treiben hinunterblickt, nähern wir uns schrittweise dem Portal. Lettern auf roten Fahnen lassen einen wissen, worauf man sich einlässt:

*Sanctuaire de l'adoration eucharistique et
de la miséricorde divine.*

Wie wir eintreten, rauscht die Orgel. Bischöfe, Priester, Altardiener fangen an zu beten. Immer noch flehentlicher beten sie, und immer noch schönere Gesänge stimmen sie an.

Requiescat in pace! Dona nobis pacem …

Vielleicht muss man in die grossen Kirchen gehen, um Sehnsüchte, Sorgen und Hoffnungen der Menschen kennenzulernen. Hier, im altehrwürdigen Gemäuer, finden nach allem, was geschehen ist, zuversichtliche und verzweifelte Stimmen ihren Widerhall.

Uns sind die vielen Heiligen über dem Hochaltar mit ihren leblosen Körpern aus weissem Marmor fremd. Wir begeben uns lieber zu einem der Seitenaltäre. Dort sind auf profanen Ständern weisse und rote Kerzlein aufgereiht. Daneben hängt ein Preisschild.

*

Als du ein Kind warst, waren Kerzen für dich so etwas wie ein Gebet. Hattet ihr ein Anliegen oder einen Wunsch, wenn immer euch etwas bedrückte, ging Grossmutter mit euch Kindern zur Kapelle im Siebeneich.

Die blutweinende ungarische Muttergottes dort, sie allein konnte helfen. Und sie half von jenem Moment an, in dem das Flämmchen einer kleinen roten Kerze zögerlich zu züngeln begann und diese mit ihrem Wachsduft der Kapelle den Mief austrieb. Und immer kostete der Handel mit der Mutter Gottes und den Heiligen auch etwas.

*

Wir sind nicht allein. In diesen Tagen stellen viele Menschen Kerzen auf. Zuckelndes, flackerndes Licht steht für Gefühle, die man nicht in Worte fassen kann. Für Trauer und Hoffnung. Und für das Verlangen nach Frieden.

Wir werfen einige Münzen in die gusseiserne, schwarze Kasse.

Kerzen brennen still.
Still werden sie auch verlöschen.

Paris, Montmartre und Sacré-Coeur,
Februar 2015

(Nachtrag: Am 13. November 2015 – acht Monate nach diesem Tagebucheintrag – wird Paris erneut von einer schrecklichen Terrorwelle erfasst.)

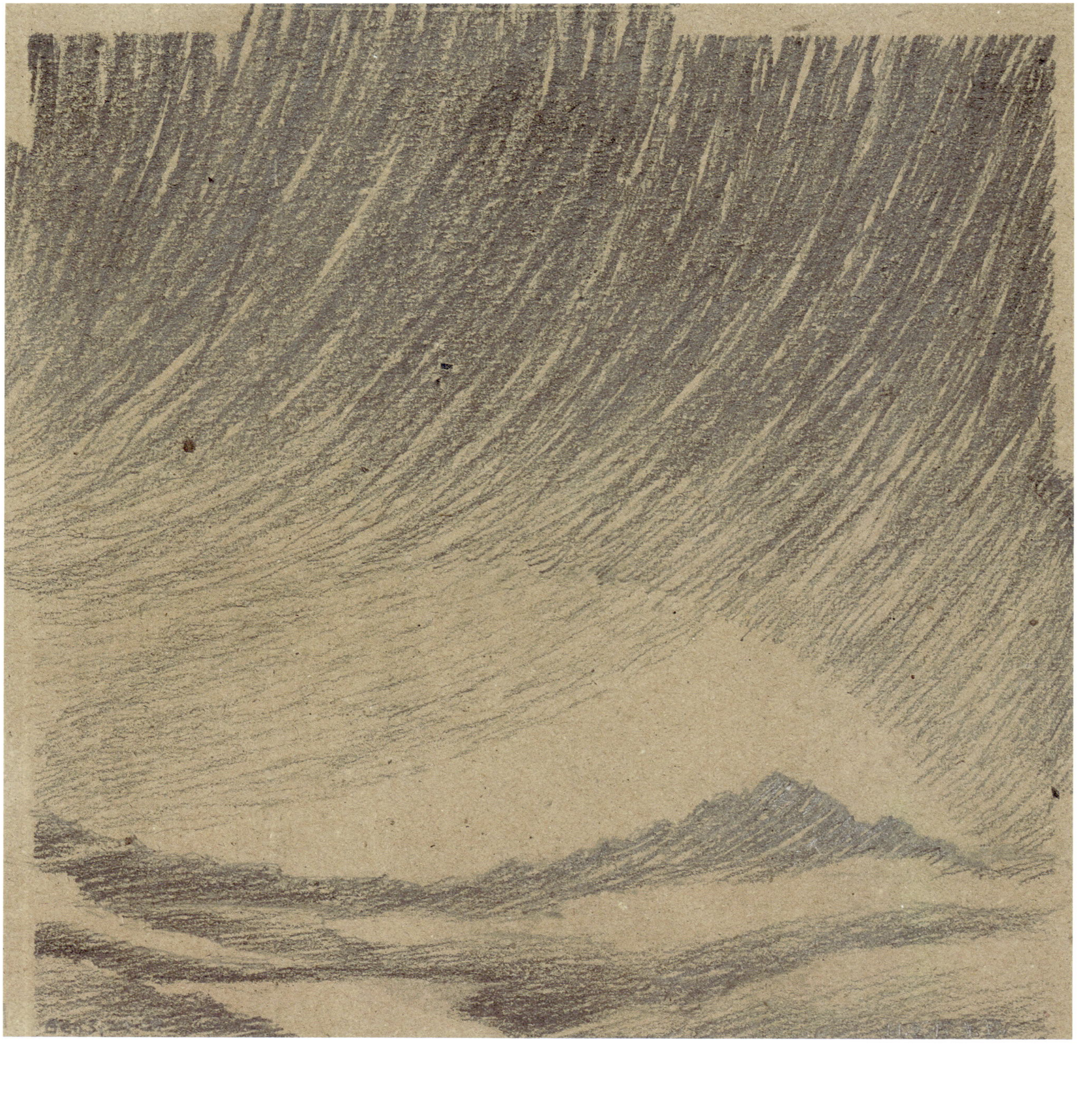

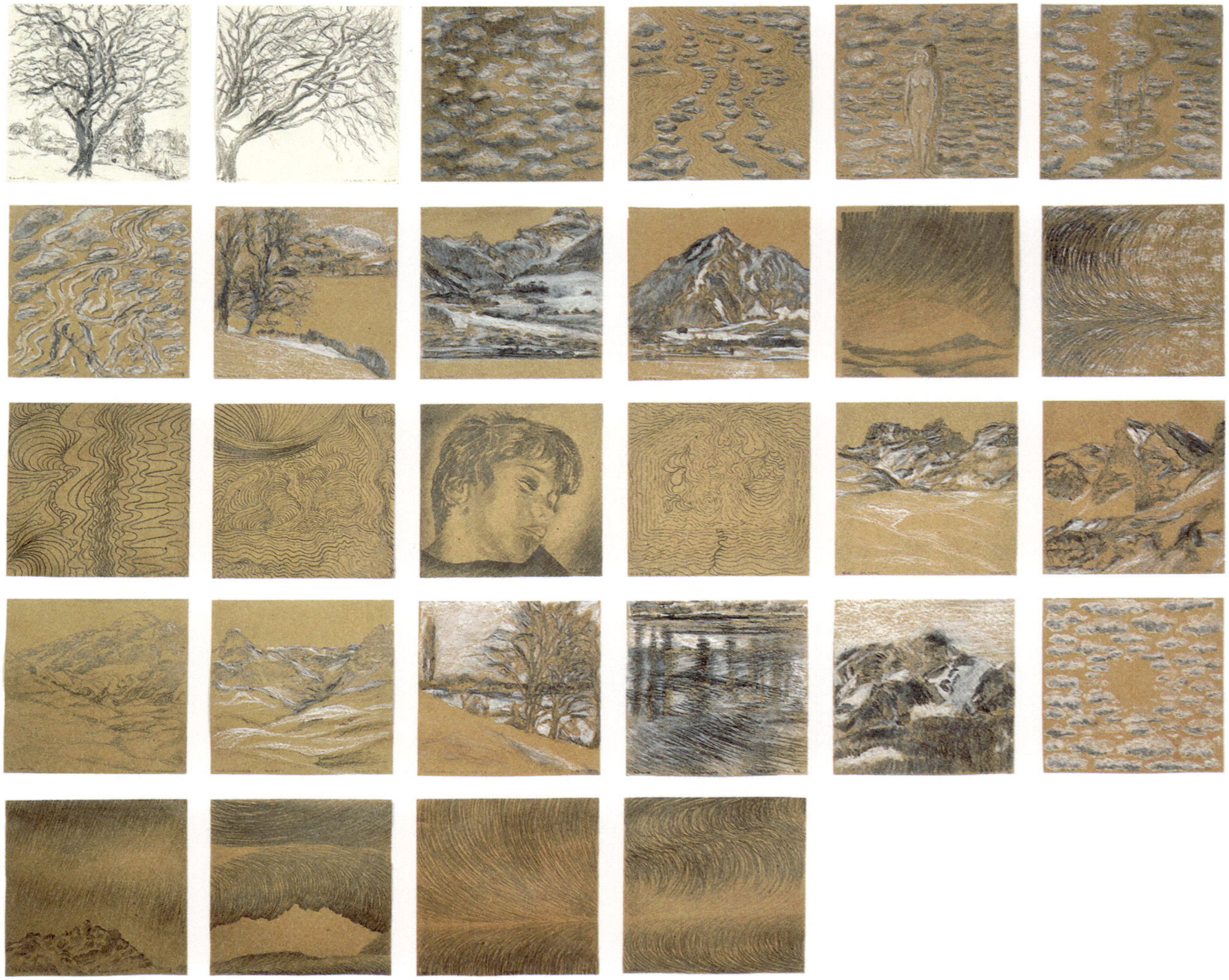

März

Erste Fragmente im Nebel 4.3.2015   Ps 102, 24-29   F.B.

Frutt 10.3.2015 F.B.

Das Kloster an der Lorze und die Düfte

Seine unbändigste Kraft besitzt der Föhn an glasklaren Märzentagen. Mit gewaltigen Windstössen bringt er dann die ganze Natur ins Wanken. Er rüttelt Tiere wach aus ihrer Winterstarre, und er lässt lang vermisste Düfte wieder aufblühen.

Wenn der Föhn wild bläst und der Frühling in Sturmeseile daher braust, werde ich mitgerissen. Ein unruhiges Gefühl erfasst mich, das sich nur schwer beschreiben lässt. Ich habe Lust, dem Schreibtisch den Rücken zu kehren, alle angefangenen Arbeiten zurückzulassen und an einen Ort zu gehen, wo ich schon früher oft und gerne hinging.

Heute ist so ein föhniger Frühlingstag. Ich bin losgefahren. Im letzten Zuger Dorf an der Lorze habe ich mein Auto abgestellt. Dann bin ich meinen Weg zu Fuss weitergegangen.

Jetzt wandere ich über sumpfig feuchte Wiesen dem Fluss entlang. Auf dem Feld ein Traktor mit Güllenfass, in der Luft dieser beissende Ammoniakgeruch, der an Föhntagen fast ein wenig zu unserem Land gehört. Doch, je ferner die Häuser, je dichter die Bäume stehen, desto mehr überwiegen die Gerüche des Bodens in sumpfigen Auen. Feucht und muffig riecht es. Faulig gar. Und dann wieder erdig und würzig. Bisweilen steigt von Halmen und Blättern der Duft von ätherischen Ölen auf, der für einen Augenblick alles andere dominiert.

Irgendwann wird der Uferweg unlesbar. Er verliert sich in Feldern von Schachtelhalmen; da und dort überwuchern ihn dornige Brombeerranken. Wo der Auenwald undurchdringlich ist, bleibt nur noch das leise Rauschen des versteckten Flusses als Wegweiser:

Wo Steine aus dem Wasser ragen, sein silbernes Plätschern. Wo Treibgut im Wasser versunken ist, sein unheimliches Gurgeln.

Vom gegenüberliegenden Ufer weht mir der Wind den scharfen Frühlingsgeruch von Bärlauch zu.

Eschen, Erlen, Birken, Pappeln, die das Ufer säumen, tasten mit jungen Knospen nach dem unversehrt blauen Himmel: Gelb im Blau. Und erste Insekten.

Im Ufergehölz gründeln zwei Enten. Wie sie mich wahrnehmen, ein lautes Geschnatter. Darauf hastige Schwimmbewegungen. Klatschende Flügelschläge. Die Vögel heben ab, steigen höher, drehen über den Wipfeln und fliegen landwärts. Dann ist es wieder lange still.

Plötzlich das helle Gebimmel eines Glöckleins. Ich folge dem Klang, und nach einer Weile wird durchs Astwerk – wie eine Oase, umflossen von der Lorze, umgeben von alten Obstbäumen und knorrigen Weiden – eine alte Klosteranlage sichtbar:

Das *Zisterzienserinnenkloster von Vrouwenthal*, wie es in einer mittelalterlichen Urkunde geheissen wird.

Vom Uferhügel aus kann ich über die Mauern in Gärten sehen. Dort sind drei Klosterfrauen an der Arbeit. Wie sie das Glöcklein hören, halten sie inne und streben dem Gebäude zu. Eine trägt einen Korb ins Haus. Zwei kommen mit Kessel und Werkzeug von den Stallungen.

Ich überquere den Steg, der auf die Klosterinsel führt. Die Kirchentür ist offen. Ich betrete den Kirchenraum. Kein Mensch ist da. Hinten im dämmrigen Schatten der Empore setze ich mich in eine Bank. Vor mir wölbt sich über die Altäre eine nach allen Seiten geschwungene Decke mit feiner Rocaille-Ornamentik. An einem Seitenaltar brennen Wachskerzen. Viele sind es. Ihre Wärme ist spürbar. Ihr Duft süsslich. Es riecht nach Kirche:

Es ist jener feierliche Duft nach brennenden Kerzen und Weihrauch – der in den Internatsjahren ein Mittel gegen das Heimweh war.

Schlag halb fünf kommen aus einer Tür hinter dem Hochaltar die Schwestern. Die Arbeitskleider haben sie abgelegt. Feierlich und genau eingeübt ihr Einzug, wenn sie paarweise zum Tabernakel schreiten und sich davor verbeugen. Danach nehmen sie im Chorgestühl zu beiden Seiten Platz.

Eine Schwester spricht in monotonem Rhythmus die Vespergebete. Ihre Mitschwestern wiederholen oder antworten wechselweise. Hore und Hymnus, dann Psalmworte und das Gloria Patri.

Mir scheint, als würden sich die Nonnen betend auf den Höhepunkt ihrer Feier vorbereiten. Als würden sie sich auf den Augenblick freuen, wo die Vorsängerin endlich das feierlich lateinische Magnifikat anstimmt:

Magnificat anima mea Dominum …
Meine Seele preist die Grösse des Herrn,
und mein Geist jubelt über Gott meinen Retter.

Ein schmiedeeisernes Gitter trennt mich von den betenden und singenden Frauen. Von einer Welt, die ganz anders als die meine und so weit weg von mir ist. Und doch sprechen die Frauenthaler Schwestern mit dem, was sie im Magnifikat herbeisehnen, auch mir aus dem Herzen:

Deposuiet potentes de sede …

Er stürzt die Mächtigen vom Thron
und erhöht die Niedrigen.

Die Hungernden beschenkt er mit seinen Gaben
und lässt die Reichen leer ausgehen.

*

Um die 1960er-Jahre hatten in der Internatsschule über der Zuger St. Michals-Kirche lauter Männer das Sagen: Ein schwergewichtiger Rektor, der nach Wein und Tabak roch. Ein alter autoritärer Deutschlehrer mit sadistischen Strafmethoden und Geifer in den Mundecken. Ein Pater mit schlohweissem Haar, eindringlich leiser Stimme und zu gütigem, rosigem Gesicht.

In den spartanisch kahlen Internatsräumen, in denen nach den Mahlzeiten oft ein unangenehmer Kohlgeruch lastete, fehlte dir jede menschliche Wärme und Behaglichkeit.

Erst wenn die Pausenglocke läutete, konntest du all dem für einige Augenblicke entfliehen. Da öffnete Schwester Maria Immaculata den Pausenkiosk. In ihrem wohlig warmen Karbäuschen roch es stets gut: nach knusprig frischen Brötchen und selber gebackenen «Guetzli», nach Schokolade und Kuchen. Ein Brötchen kostete dreissig Rappen. Fünfzig das Stück Kuchen.

Eng war es. Nur eine hölzerne Sitzbank gab es. Aber die Wände waren über und über voll von sorgfältig aus Zeitungen und Kalendern ausgeschnittenen Bildern. Darauf schwarze Kinder vor weissen Missionaren und einfachen Hütten. «Meine armen Heidenkinder», sagte Schwester Immaculata.

Mit den paar Batzen, die ihr für Süssigkeiten ausgabt, konntet ihr mithelfen, sie zum wahren Glauben zu bekehren.

Aber du gingst gar nicht wegen der Heidenkinder zu Schwester Immaculata. Auch nicht nur wegen der Süssigkeiten. Diese ältere Frau, die so mütterlich von ihrem früheren Einsatz in Afrika erzählen konnte, strahlte Güte aus. In ihrem kleinen Kiosk gab es jene Wärme, nach der du dich in diesem Haus so sehr sehntest.

*

Nach Fürbitten und Segen verlassen die Schwestern die Kirche. Ich bleibe noch eine Weile sitzen. Stehe erst auf, als es von der Kirche fünf schlägt.

Jetzt stehe ich vor einem grossen Tor. Ich läute. Die Klingel widerhallt im Gemäuer. Es dauert eine Weile, bis ich Schritte höre.

Ich hatte am Morgen darum gebeten, im Kräutergarten und den Remisen fotografieren zu dürfen. Und ich war erstaunt, als die Äbtissin mir am Telefon sagte, dass mich die Gärtnerin gerne hinführen werde. Aber erst nach dem Vespergebet.

Die Gärtnerin trägt jetzt wieder ihr Arbeitskleid. Sie öffnet eine Tür und geht voran. Schweigsam führt sie mich zum Steg über dem Klosterweiher.

Einst haben Schwestern den Weiher als künstlichen Karpfenteich angelegt. Im Verlauf der Jahrhunderte ist er zu einem wilden Biotop geworden. An diesem Frühlingsabend ist er besonders schön:

Seerosenblätter, Rohrkolben, Schilf.
Zur Lorze hin urige Weiden und dichtes Ufergehölz.
In tiefem Wasser tummeln sich fette Karpfen.
Hinten im Ufergehölz steht bewegungslos ein Graureiher.

Plötzlich pfeift die Schwester durch die Finger. Ich zucke zusammen. Doch ihr Pfiff gilt nicht dem Fischräuber. Von einem hoch kieksenden Schrei angekündigt, tauchen aus dem Grün der Schwertlilienblätter kleine graue Flaumbällchen auf. Piepen und betteln. «Wir haben gesehen, wie die Wasserhühnchen das Nest bauten und brüteten», sagt die Schwester. Nun wagen sich auch die Alten vor: schwarze Hühner mit weisser Stirnblesse.

Zisterzienser waren von Beginn an Aussteiger. Sie nahmen Abschied von der lärmerfüllten Welt, vom barocken Gehabe anderer Ordensleute, liessen gesellschaftliche Zwänge hinter sich, errichteten ihre Klöster in der Abgeschiedenheit. Ihre Umwelt aber beobachteten sie sehr genau. Schon im Mittelalter wurden sie zu Pionieren im sorgsamen Umgang mit der Natur.

«Wir sind noch heute zurückhaltend bei der Bekämpfung von Schädlingen in unseren Gärten», sagt die Schwester. Als sie mir die gepflegten Kräuterbeete zeigt, fällt ihr das Reden leichter.

Weil der Föhn an diesem Tag für Frühjahrswärme sorgt, hat der Duft schon jetzt viele Noten. Ich liebe diesen Frühlingsduft. Er weckt in mir Gefühle, Erinnerungen. Und Sehnsüchte.

Die Schwester bückt sich über ein Beet, pflückt eine Hand voll frischer, krautiger Blätter und reicht sie mir. Ich soll daran riechen. Ein aromatischer Geschmack, der an Sellerie erinnert, jedoch schärfer und bitterer ist. Liebstöckel. «Die Köchin braucht die Blätter als Gewürz für Suppen, Salate und Brotgebäck», sagt die Schwester.

Wir steigen über eine Treppe zur grossen Dachkammer, wo die Schwestern die Pflanzen in Holzkästen dörren. Der Raum ist erfüllt von Düften. Die Schwester sieht sich um, berührt einzelne Pflanzen. Mit geschlossenen Augen kennt sie alle an ihrem Geruch.

Zitronenmelisse. Goldmelisse.
Minze. Lindenblüten. Salbei. Brombeer-/ Himbeerblätter.
Sonnenblumenblüten vom Gutsbetrieb.
Holunder aus dem nahen Wald.
Silbermäntelchen vom Bisistal.
Frauenmäntelchen ab der Furka.

«Jahr für Jahr stellen wir einen heilsamen Tee aus siebzehn verschiedenen Kräutern her», sagt die Gärtnerin.

In siebzehn aus Kissenanzügen genähten Stoffsäcken horten die Schwestern ihren Schatz. Bis September reichern sie ihn ständig an. Dann schütten sie die getrockneten Kräuter zu einem riesigen Haufen zusammen. Mit zwei Gabeln durchmischen sie ihn. Später füllen sie das Teekraut in Papiersäcke.

«Zisterzienserklöster haben schon immer der Heilkraft der Natur vertraut», bemerkt die Gärtnerin, als sie mein Staunen wahrnimmt. «Die Schwestern, die jeden Tag vom Tee trinken, werden selten krank, und viele von uns werden auch alt.»

Kloster Frauental an der Lorze
März 2015

25.3.15 F.B.

11.8.2015 Fuult   F.B.

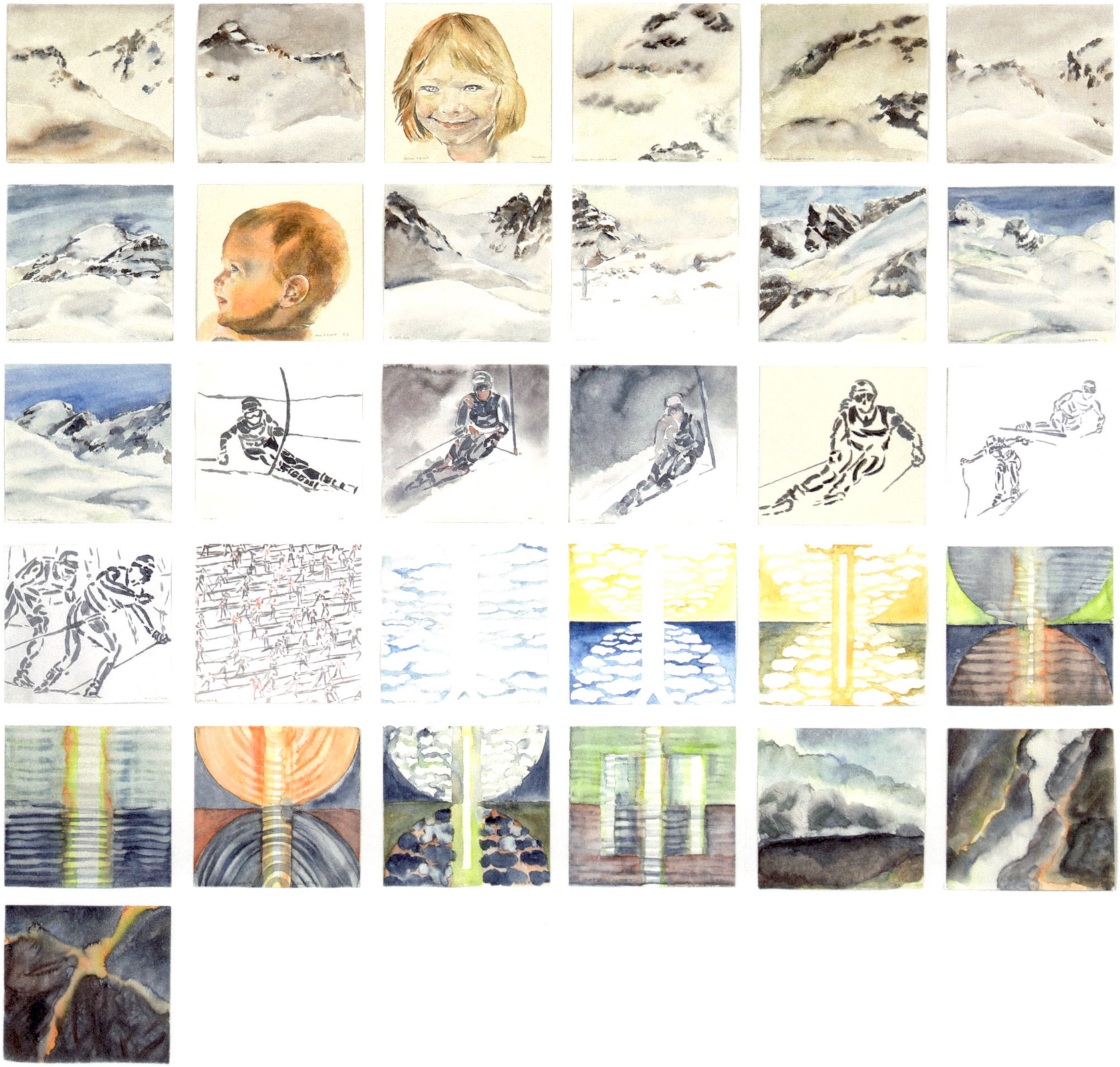

April

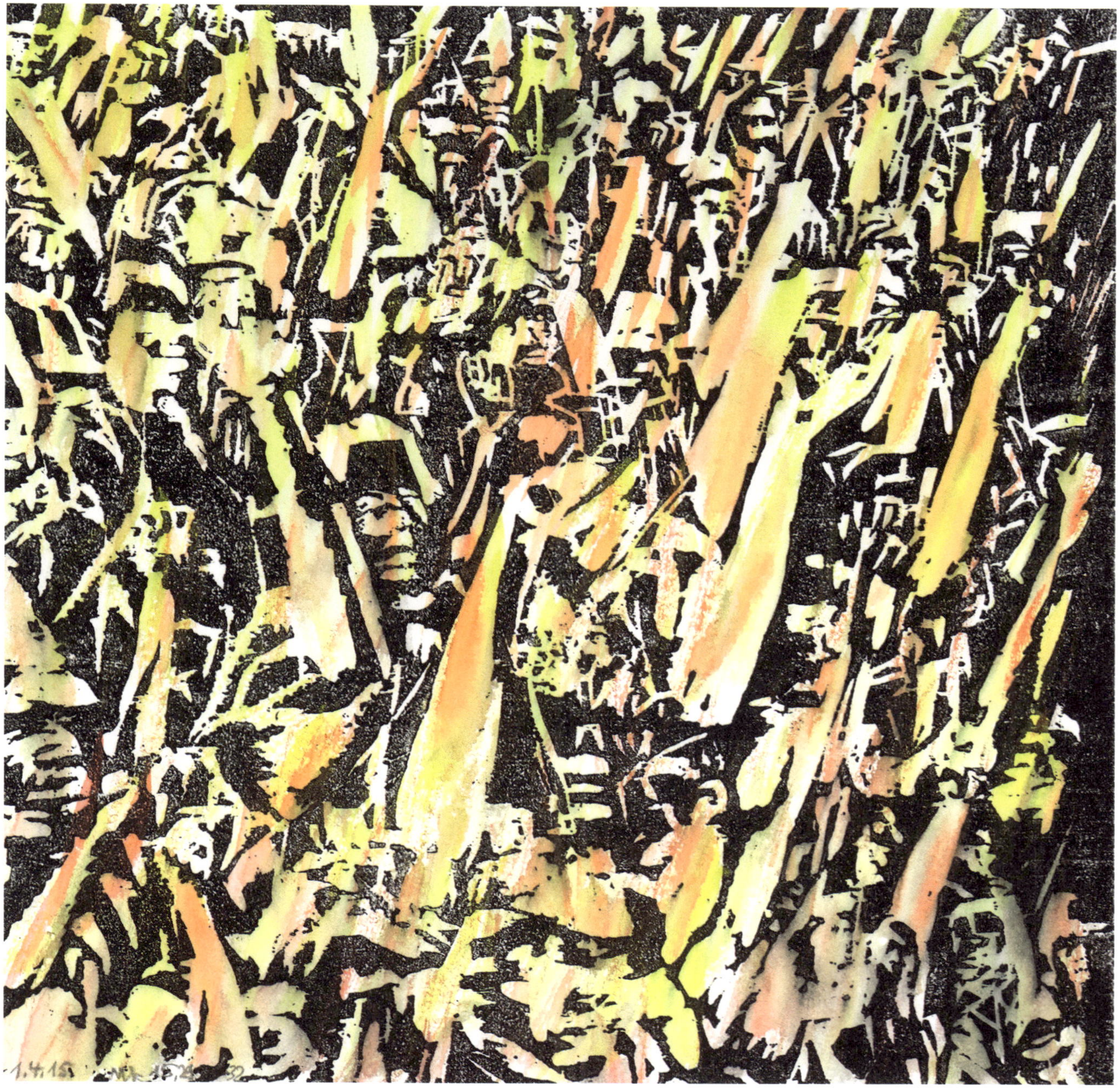

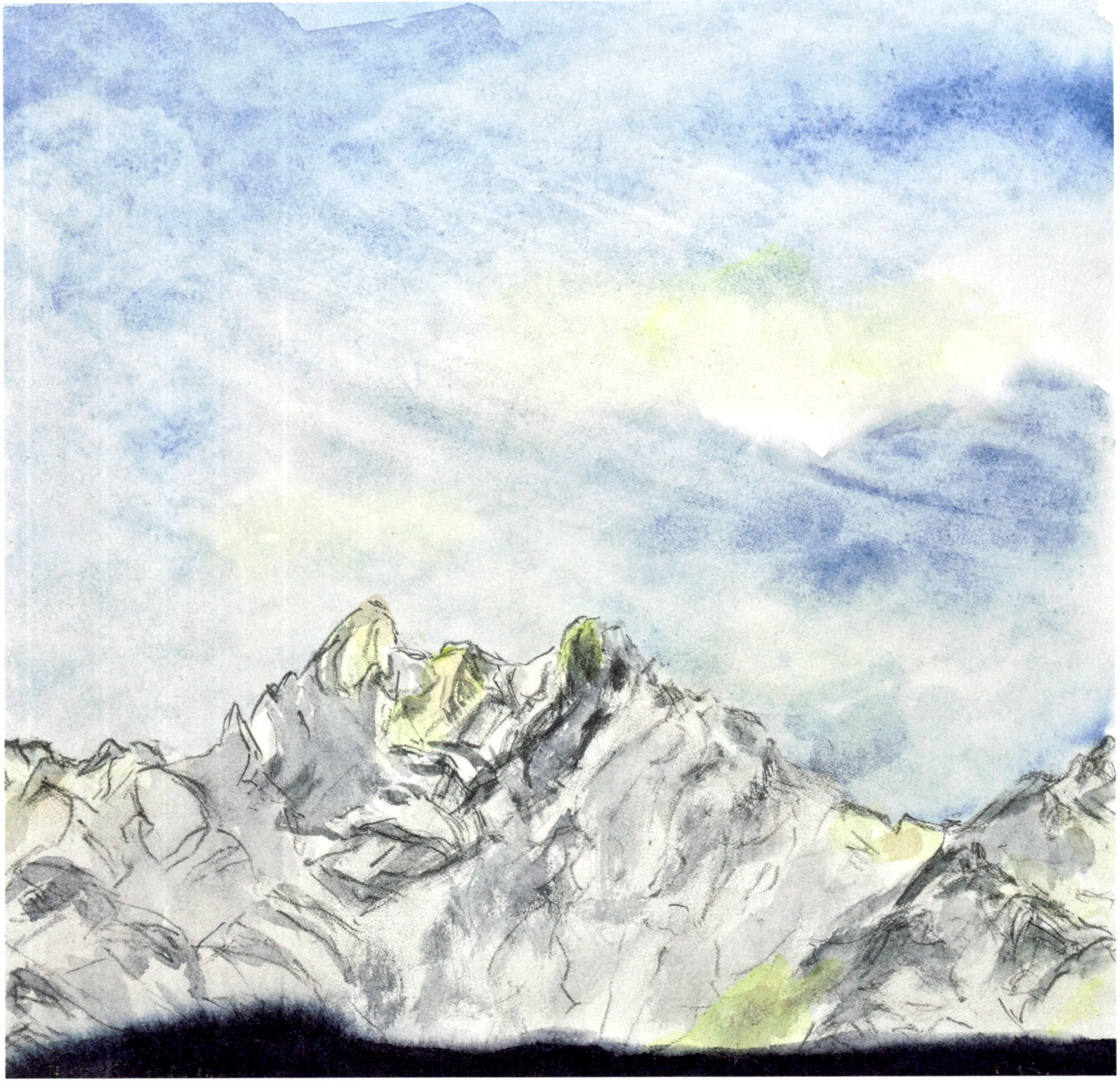

Löwenzahn

Wie ich auf den Hügel über Sarnen steige, blüht in den Wiesen der Löwenzahn. Die Hüllenblätter haben sich geöffnet, von einer Nacht zum andern Tag.

Nichts als Blüten.

Ich schreite über den grünen, goldgetupften Teppich.
Bin wie in einem Märchen.
Werde erfasst. Hingerissen. Berauscht. Will abheben…

Doch dann holen mich kriegerisch manövrierende Propellerflugzeuge zurück. Ihr lautes, ihr bohrendes Brüllen im Ramersberger Himmel, ihre Sturzflüge: direkt auf meinen Kopf zu.

Hinter Birn- und Nussbäumen steht die Sankt Wendelins Kapelle. Sie verspricht mir Schutz.

Ich öffne die schwere Holztür und schreite zum Altar. Beuge willig das Knie vor Sankt Wendel, dem Hüter der Bauernsame mit Stab, Schaf und Kuh. Vor diesem guten Hirten im goldenen Bischofsrock.

Im Raum hängt ein muffig süsslicher Geruch. Ein Parfüm, kreiert aus aufsteigender Feuchtigkeit und dem Duft von warmem Kerzenwachs. Eine seltsame Mischung, die auf seltsame Weise betört.

Mir fallen die Augen zu.

Wenn Augen sich am Tag schliessen, flimmern oft die Farben, tauchen Bilder auf. Manchmal sehen sie freundlich aus, sind hellblau oder hellgrün. Es sind alte Bilder. Bilder, die sich gegen das Vergessen wehren.

*

Immer wieder vor dir ist das Bild der neuen Landschaft, in die deine Eltern dich eines Tages entführt hatten. Damals. Ohne zu fragen, wie das Kind sich fühlt. «Hier wohnen wir ab heute», hatten sie gesagt. «Und hier bleiben wir!»

Du sahst dich in eine neue Heimat gestellt, wolltest alles von ihr wissen. Deine Augen wurden Bullaugen, an denen unablässig Unbekanntes vorbeizog. Was die Mutter Heimat nannte, war für dich fremd. Und dieses Fremdsein dauerte Tage. Wochen gar. Verstand und Gefühl sind schwer zu trennen, das Kind aber sollte mit dem Kopf in einem Schulzimmer arbeiten, in dem sein Herz noch nicht angekommen war.

Als du dann den Anker auswarfst – an jenem Tag im April 1953, als du das Bild maltest – warst du acht. Ein Drittklässler.

Das Bild ist eine Zeichnung, klein im Format und quadratisch, ungeschickt gemacht, mit Malstiften treuherzig ausgemalt. Aber eingeklebt in ein Heft, auf dem mit grossen Druckbuchstaben ein – wer weiss denn, was verheissender – Titel steht: «REINHEFT».

Zuunterst auf dem Bild ist der Sarnersee. Er ist blau. Spiegelbildblau. Am Ufer Schilfhalme. Sie ragen hoch. Sind gelb. Borstig und hohl. Der See bildet eine Bucht. In der Wölbung der Bucht steht die Schiffhütte. Wettergegerbt, schwarzbraun das Holz. Ziegelrot das Dach. Über der Bucht erhebt sich ein rund geschliffener Hügel. In seinem Maigrün viele grosse, sonnengelbe Tupfen. Der Goldschatz des Löwenzahns. Auf dem Hügelkamm – übergross im Verhältnis zum zweigehörnten Berg dahinter – die Kapelle mit dem Türmchen. Ungelenk gezeichnet: flach und ohne Perspektiven. Aber mitten im hellblauen Himmel steht sie. Ganz allein.

Neben der Zeichnung zwei «Tolggen» im REINHEFT. Schwarzblaue Tintenkleckse sind es, in einem Heft, das makellos und sauber sein müsste.

Erinnerungen werden wach: Wie du Wort um Wort auf Linien geschrieben hattest, mit einer Feder in schwarzem Halter, mit Tinte aus einem Fässchen im Pult. Und wie die Feder kratzte!

Deine Schrift wackelig. Deine Ausdrucksmöglichkeiten gering. Stark nur die Sehnsucht. Schon damals, als du im Aufsatz – wer weiss wem – versprachst:

Wenn ich gross bin, besuche ich die Kapelle auf dem Hügel. Von dort oben schaue ich auf den See hinab. Auch unser neues Haus sehe ich weit unter mir.

Dein Bullaugenblick suchte die Ferne innerhalb der Sichtweite.

Jedoch: bevor du gross bist, wirst du noch im Biologiesaal des alten Gymnasiums sitzen. Und Pater Ludwig, der Biologielehrer, wird mit Kreide an die Tafel schreiben: Taraxacum sect. Ruderalia. Oder: Der Gewöhnliche Löwenzahn aus der Familie der Korbblütler. Und du wirst es – ohne die fremde Sprache zu verstehen – in ein Heft notieren. Und später sollst du die Blume dazu suchen und zwischen Buchdeckeln pressen, nochmals später wirst du sie einkleben und zuletzt auch sorgfältig beschriften.

Die goldene Pracht währte jeweils kurz. Winde verwehten das Gold als silberne Flugschirme im Himmel. In alle Richtungen. Jahr für Jahr. Immer wieder – bis die Eltern ihr Versprechen brachen und auch deine neue Heimat wieder verliessen.

*

Jahre später kehre ich mit meiner Frau ins Elternhaus zurück: im Juni 1975. Im Gepäck auch das alte REINHEFT, und darin das Versprechen, später einmal die Kapelle auf dem Hügel zu besuchen.

An Tagen mit blauem Himmel und gelben Blumen löse ich es ein. Wieder und wieder. Ich hänge an der Obwaldner Landschaft, und heute – so denke ich – hängt sie auch an mir.

Gedanken, die mir jetzt, wo ich in der Kirchenbank sitze, durch den Kopf gehen, Schnipsel und Splitter von Erinnerungen sind es, mehr nicht.

Wie ich die Augen wieder öffne, aus der Kapelle ins Freie gehen will, fallen mir kleine Tafeln an der Rückwand auf: Sankt Wendel auf Wolken. Sankt Wendel gütig herabblickend. St. Wendel der Hirte mit kranker Kuh oder lahmendem Pferd. Dazu viel Dankbarkeit. Ausgedrückt in oft ungelenken Worten.

Ein Pferd war 1859 am vorderen rechten Bein lahm und kraftlos. Man nahm deshalb Zuflucht zum heiligen Wendelin im Römersberg und wurde durch dessen Fürbitte erhört. – Aus Dankbarkeit wurde diese Votif-Tafel zum Andenken dafür hierher gesetzt. Anno 1860.

Zu Sankt Wendels Füssen liegt Obwalden. Dieses Land besteht seit eh und je aus Seen, Tälern, Runsen, Tobeln.

Darüber ragen Hörner, Stöcke, Eggen, Dossen, Spitzen, Kämme in den Himmel. Der Kapelle gegenüber stehen sie im Morgenschatten – die hohen Berge mit ihren mächtigen Wänsten.

Hier aber, wo Sankt Wendel die Fürbitten der Bauern erhört, scheint die Sonne. Hier ist der Sonnenberg, sanft und hügelig. Und mit schönen Namen: Hellmatt, Summerweid, Heubüel, Mätteli, Lindenmätteli, Chäseren… Heimatschlag.

Heimatschlag! Noch riecht es ländlich hier oben. Würzig. Noch gibt es ihn, den Stallgeruch. Doch der Blick weg von der Kapelle, hinüber zu See und Bergen, hinunter ins Tal, zeigt etwas anderes: Landschaft in rasendem Wandel.

Dörfer und Weiler zusammengefügt. Die grüne Lunge erstickt. Ein durchlöcherter Lopperberg, Schnellstrassen als Trennlinien. Rattern und Stinken. Das Getier geflohen in Schründe, Schratten, Bergwälder und auf Grate. Die Spuren des gewaltigen Gletschers, der einst vom Brünig bis zum Alpnachersee gereicht hatte, von Baumaschinen nach und nach abgetragen. Wildbäche gefasst, um- und abgelenkt, ihr Murmeln und Rauschen verstummt.

Auch die Mundartbarriere durchbrochen. Kaum mehr «Syywbliämä» oder «Suirampfälä», Fragezeichen hinter «Gilläbännä» oder «Häiwschrootä».

Neues hat neue Namen: Naturdünger, Kunstdünger, Kraftfutter! Mähdrescher, Feldhäcksler, Düngerstreuer, Grasbläser.

Was ich Sehnsucht nenne, klammert sich immer öfter an Erinnerungen.

Von Sankt Wendels Sitz – aus der Vogelperspektive – suche ich Plätze, die sind, wie sie waren: Den Rosengarten inmitten gewaltiger Bäume, wo aus unseren Kinderspielen Märchen wurden. Die alte Schiffhütte mit dem roten Ziegeldach und grossen Fischen unter Bodenbalken. Den Paradiesgarten des Frauenklosters mit verbotenen aber begehrenswerten Früchten. Das Gymnasium mit dem spitzen Türmchen und dem verschollenen Glöcklein, das uns immer dann mahnte, wenn wir es nicht hören wollten.

Warum klammert Sehnsucht sich an ausgedörrte, ausgehungerte Erinnerungen? Wo dieses Land so sehr bemüht ist, die Zukunft einzuholen.

St. Wendelins-Kapelle,
Ramersberg, April 2015

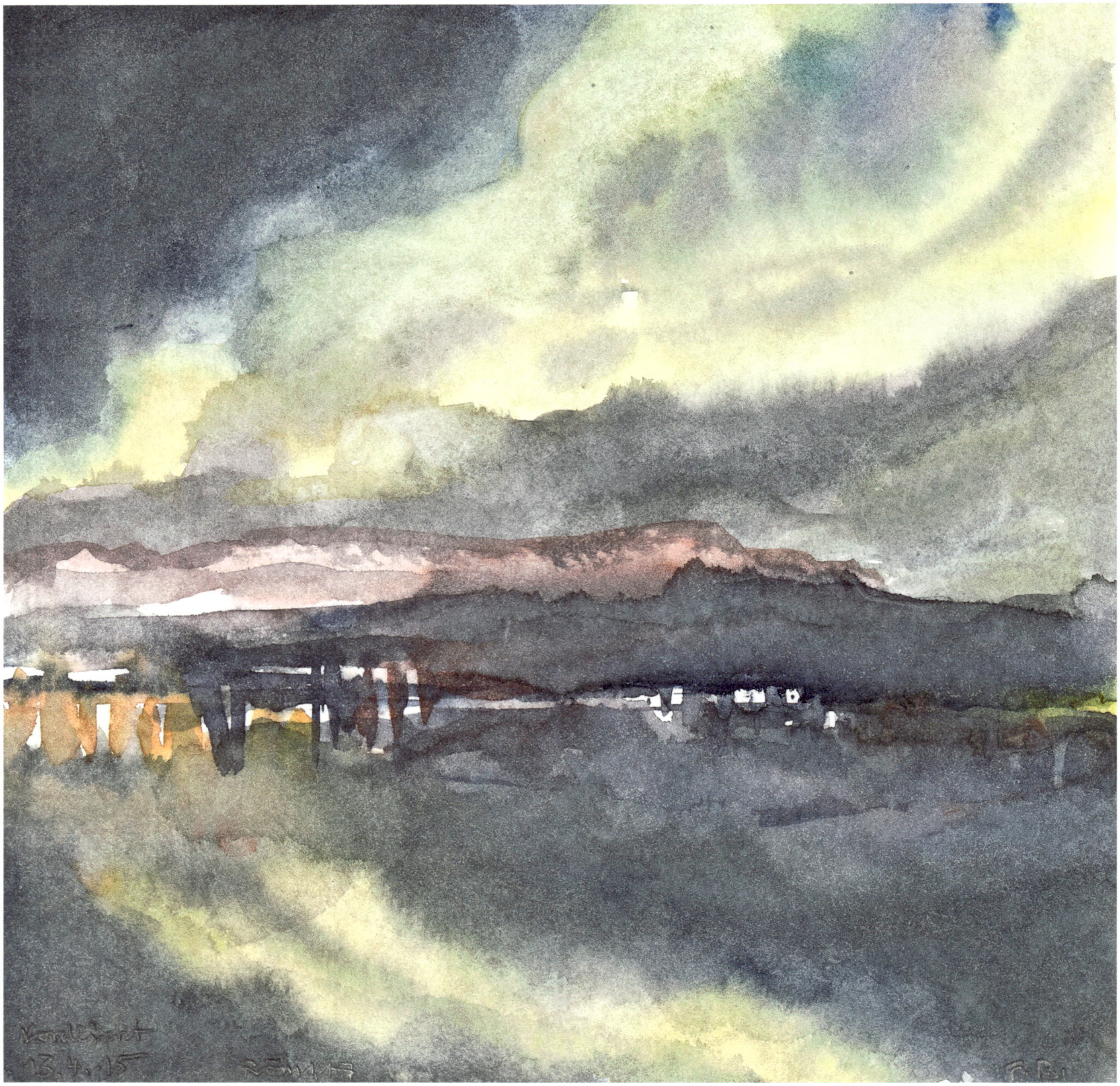

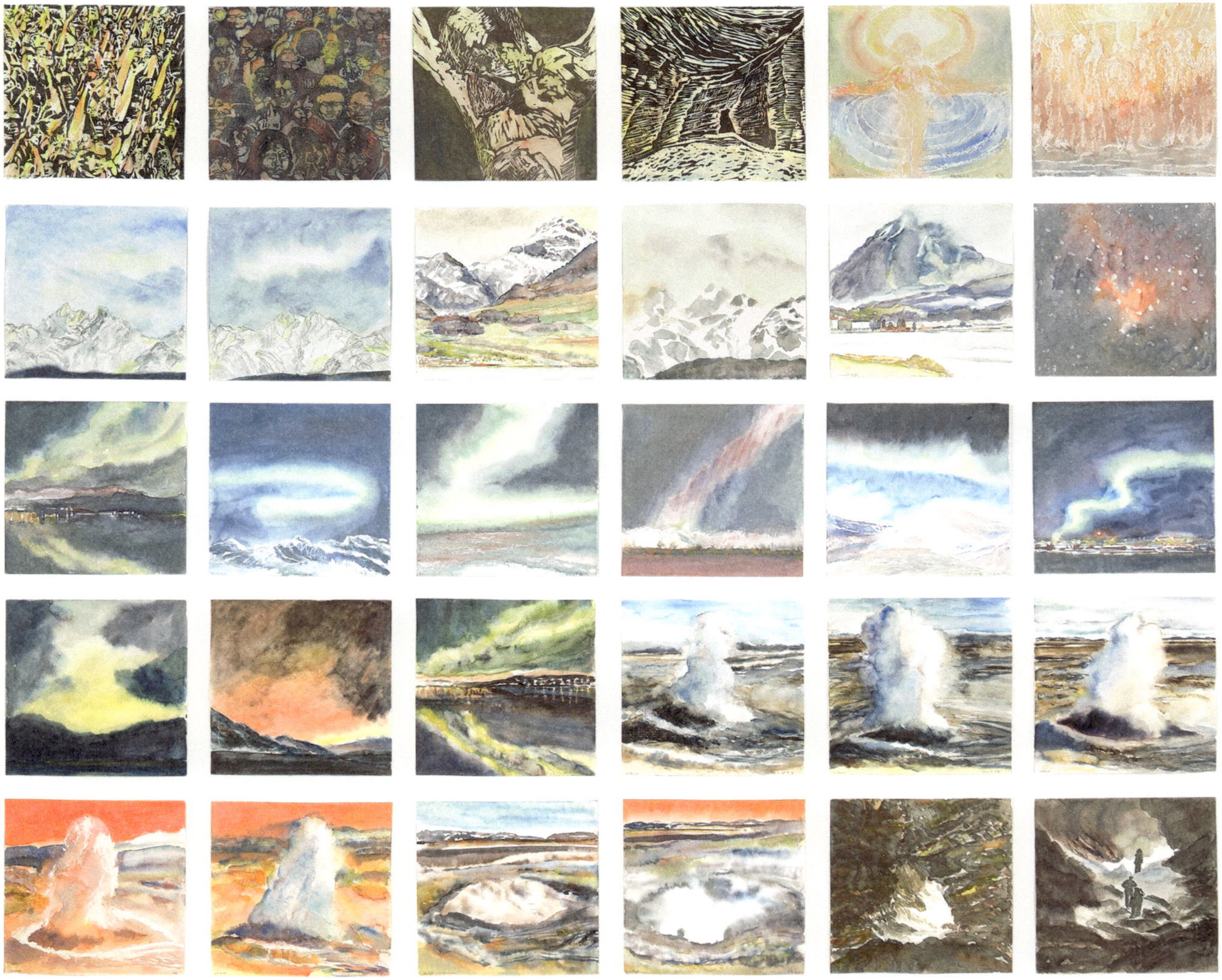

Mai

ERINNERUNGEN
IN KUTSCHEN WURDE MEINE FAMILIE ZU MEINER VERNISSAGE IM KUNSTMUSEUM TATA EMPFANGEN

3.5.45 F.B.

PARIS

Petrarca und das Heldentum

Ich trinke selten Kaffee. Wenn, dann als Aufputschmittel, an Tagen mit besonderen Vorhaben.

Heute ist so ein Tag.

Wir sind zeitig im provenzalischen Städtchen Malaucène angekommen. In einem Strassencafé, unter dem Schattendach grosser Platanen, sind noch Plätze frei.

Aus den Tässchen vor uns steigt Dampf auf. Eher ein Hauch ist es: glasklar und flimmernd. Espresso! Goldglänzend braun, weder süss noch bitter der Geschmack, einfach Kaffee mit diesem einzigartigen Duft. Bereits ein erster Schluck ist Verheissung und Erfüllung in einem.

Ich habe ein Büchlein dabei. Ich schlage die erste Seite auf und lese. Lese laut, als müsste ich uns von unserm Plan nochmals überzeugen. Lese, was Francesco Petrarca einem befreundeten Augustinermönch mitgeteilt hatte, am 26. April 1336, hier zu Maulcène:

Den höchsten Berg dieser Gegend, den man nicht unverdient Ventosus, den Windumbrausten, nennt habe ich am heutigen Tage bestiegen, einzig von der Begierde getrieben, diese ungewöhnliche Höhenregion mit eigenen Augen zu sehen.

Viele Jahre hatte ich den Plan zu dieser Bergwanderung mit mir herumgetragen; seit meiner Kindheit lebe ich ja, wie Du weisst, hier in dieser Gegend, wie eben das Schicksal die Menschen hierhin und dorthin verschlägt, und dieser Berg, der von allen Seiten weithin sichtbar ist, steht mir sozusagen ständig vor Augen.

Das Verlangen des Humanisten, diese seltsame Art der Sehnsucht, eine heroische Tat zu vollbringen, muss gross gewesen sein. Sein Wille ungestüm.

Nun aber packte es mich, endlich einmal auszuführen, was ich jeden Tag schon ausführen wollte…

Auch ich trage den Plan, den Mont Ventoux zu bezwingen, seit Jahren mit mir herum. Seit meiner Kinder- und Jugendzeit. Genauer gesagt: seit ich die Heroen des Radsports und ihre Heldentaten auf mörderischen Bergetappen zu bewundern begann.

*

Es war am 20. Juni 1952: An diesem Tag hattest du als Erstklässler einen Vivi-Kola-Sonnenschild aus Karton erobert und mit Gummibändchen an deinem Kopf befestigt. Er sass so auf deiner Stirn fest, dass du unter dem halbmondförmigen Dächlein hervor auf das turbulente Treiben rund um dich herum blinzeln konntest.

Auf der steilen Churer Planaterrastrasse, wo damals an gewöhnlichen Tagen noch wenig Autos unterwegs waren, folgte heute ein Wagen dem andern. Die meisten waren farbig und beschildert. Wagen mit Velos oder auch nur leeren Rädern auf dem Dach gab es. Und Wagen, die unablässig hupten, überlaut und mit mehr als einem Ton.

Beim «Haldenhüttchen» – dort wo die Bergstrasse nach Arosa über der Stadt abrupt, unerbittlich, endlos zu steigen beginnt – harrtet ihr der Dinge, die da kommen sollten. Ältere Schüler hatten euch versprochen, dass man hier die Fahrer zwei Mal sehen könne: Wenn sie von unten auf euch zukommen, und wenn sie über euch bergwärts davonfahren.

Schon als Erstklässler kanntest du das grosse K besser als alle andern Buchstaben des Alphabets. Doppelt gar: K und K. Wenn die älteren Schüler zum Sprechchor ansetzten, riefst auch du mit, wacker und im Takt: Koblet, Kübler, Koblet, Kübler… eins übers andere Mal. Nur Lautsprecher übertönten euer Geschrei. Und dann erblicktest auch du – unter deinem Vivi-Kola-Dächlein hervor – zum ersten Mal im Leben einen Helden: Ferdi Kübler.

Als das Blickfeld unter dem Vivi-Kola-Sonnenschild zu eng wurde, begannst du Bilder für dein Heft mit Tour-Helden zu sammeln. Auch dieses ganz besondere Bild von Ferdi Kübler klebtest du dort ein. Darauf ist zu sehen, wie er 1955 an der Tour de France auf der Schotterstrasse den Gipfel des Mont Ventoux erreichen will. Wie er leidet, am Ende seiner Kräfte ist, den Kopf tief über dem Lenker, die Augen verdreht. Erkennbar schon sein Zickzackkurs.

Und unter dem Bild – als Legende – die verzweifelte Botschaft eines vom Berg besiegten Helden:

Die Tour de France ist für mich vorbei. Ferdi ist zu alt, er ist krank. Er hat sich auf dem Mont Ventoux getötet.

*

Was treibt Menschen dazu, an ihre Grenzen zu gehen? Warum tun sie das? Warum betrügen sie sich selber?

Doch für Fragen ist jetzt keine Zeit. Heute wollen wir dem an Geschichten reichen Riesen mit seinem gewaltigen, schneeweissen Kalkschotterfeld unter dem Gipfel auf die Pelle rücken. Dieser Tag, an dem der «Windumbrauste» in der Maiensonne gleisst und der Mistral in den Wäldern an seinen Hängen das junge Laub zerzaust, scheint uns für unser Vorhaben richtig.

Auf der kurvenreichen Strasse, die unablässig steigt, sind jetzt Hunderte Radfahrer unterwegs: Ausgeklügelte Bikes haben sie, farbige Trikots, bunte Helme, spiegelnde Sonnenbrillen. Und sie treten und keuchen.

Doch am Mont Ventoux folgt auf jede Kurve ein neuer Anstieg, ruppiger noch als der vorherige. Die Serpentinen sind immer wieder vor den Fahrern. Mit jedem Höhenmeter wächst ihr Verlangen nach dem Triumph. Eiserner Wille, sich zu quälen und der schnelle Herzschlag, fühl- und hörbar bis in die Schläfen. Der Himmel blau, die Sonne unbarmherzig. Bissig der Mistral. Letzte Kräfte werden mobilisiert, stur und unnachgiebig. Als Triebfeder diese gierige Sehnsucht, mehr zu leisten als man leisten kann. Bis endlich das Ziel, einer glitzernden, schillernden Trophäe gleich, zum Greifen nahe ist.

Die Erfüllung aller Wünsche auf der Spitze, im kalten Nichts dieses unbarmherzigen Berges.

*

Mit dreizehn hattest du einen sehnlichen Wunsch. Wolltest haben, was deine Kameraden schon hatten: einen eigenen Halbrenner mit fünf Gängen! Ein Allegro-Rad wie der Nachbarsjunge. Ein Tigra-Velo wie der Metzgersbub. Oder: noch lieber einen Cilo-Renner wie ihn Hugo Koblet fuhr. Doch das Fahrrad, das du mitbenutzen durftest, war der elegante englische Roadster deines Vaters mit drei Gängen und einem Kettenkasten. Selbst wenn Slanzi, der Velohändler im Dorf, dieses vornehme Rad, mit geradezu untertäniger Ehrfurcht behandelte: am Berg bliebst du damit stets hintan.

Aber eigentlich war es gar nicht das altmodische Rad, das deinen Wetteifer stoppte, deine Sehnsucht nach Heldentaten im Keim erstickte. Es war das Asthma, das dich an jedem noch so kleinen Hügel ausbremste.

Und dennoch: daran, vom grossen Sport zu träumen, konnte dich nichts hindern. Im Schlaf erschien dir der Mont Ventoux regelmässig als Berg, den du befahren könntest. Durch all seine Kurven und über die vielen Steigungen, in Wind und Hitze. Beim Erwachen erkanntest du, dass es ein Wunschtraum war. Und bleiben würde.

*

Dass man mit jenen mitfiebert und mitleidet, die können, was man selber nicht kann – nie können wird – ist eine der seltsamen Eigenheiten der Sehnsucht.

Als Petrarca damals auf dem Mont Ventoux ankam – falls die Geschichte, die er erzählt, überhaupt wahr ist – jubelte er beinahe wie die heutigen Helden:

Zuerst stand ich da wie benommen von der ungewohnten Luft und dem ganz freien Rundblick. Ich schaue nach unten: Wolken schweben zu meinen Füssen, und schon scheinen mir Athos und Olymp nicht mehr unglaubhaft: Was ich von ihnen gehört und gelesen habe, erblicke ich auf einem weniger berühmten Berg nun mit eigenen Augen.

Auch wir sind zuoberst angekommen: dort, wo Sieger den letzten Schluck aus der Flasche trinken, sich gratulieren lassen, triumphierende Posen für Selfies einnehmen und die Kunde ihrer Heldentat in alle Himmelsrichtungen schicken.

Wir, die wir – wenn es um sportliche Ausdauerleistungen ging – schon in unserer Kindheit oft klein hatten beigeben müssen, haben uns auch heute gebeugt. Sind mit dem Auto auf den Mont Ventoux gefahren. Stehen da, mittendrin: als Verlierer unter Siegern.

Aubanel und der schimmernde Schein

Doch glücklicherweise haben wir noch den Mistral im Rücken. Was uns mit dem rauen Wind nach Süden treibt, ist dieses alte, dieses nie zu stillende Fernweh.

Fernweh! Ein Gegenwort zu Heimweh. Ähnlich wehmütig, und doch so anders, weil den Bildern, die es in uns hinein projiziert, nicht dieser Vorwurf anhaftet, dass man sich an etwas klammert, an das man sich nicht mehr klammern dürfte. Fernweh spricht für Mut. Für den Mut, Vertrautes zu verlassen und Fremdes zu erkunden. Für eine Sehnsucht nach Unbekanntem.

Unser Fernweh geht über das dicht besiedelte Gebiet hinaus in ein weites Land, wo sich freie Herden weisser Pferde oder schwarzer Stiere in funkelnder Helle tummeln. Wo ganz plötzlich der Schatten von Schwärmen rosaroter Flamingos, die über Sümpfe, Seen und Steppen fliegen, auf einen fallen. Eine Art Paradies ist es. Vielleicht auch, weil wir in jungen Jahren unsere erste gemeinsame Reise dorthin unternommen hatten.

Auf der Landkarte heisst die Gegend, die uns magisch anzieht, Camargue. Doch der einheimische Barde und Gardian, Henry Aubanel, hat für sie einen treffenderen Namen:

Man nennt sie oft das Land des schimmernden Scheins, weil alles dort ein zweites Gesicht hat, die lebenden Wesen und die toten Dinge, ein Gesicht des Scheines, das oft wirklicher ist als die Wirklichkeit.

Wenn ich in der Camargue bin, suche ich, weitab von menschlichem Treiben, mitten in der Wildnis, eine Warte auf. Sie steht auf rohen Holzpfählen im Wasser und gibt durch Gucklöcher den Blick frei auf einen schilfumsäumten Etang. Zur frühen Morgenstunde gehe ich dort hin. Ganz alleine.

Alleinsein als Droge!

Das aufkommende Gefühl von Einsamkeit lässt mich alles um mich herum anders wahrnehmen. Intensiver. Überwältigend. Natur wird beredt, verrät mit allem, was sie in reichem Überfluss besitzt, die Anwesenheit ihres unsichtbaren Schöpfers.

Noch herrscht in Sümpfen und Auenwäldern finstere Nacht. Die Silberweiden um mich gleichen Riesen, die im Wind ihre Hälse recken und strecken. Wenn der Tag von allen Seiten anzugreifen beginnt, stöhnen, ächzen, wimmern sie.

Im Westen verliert der Halbmond an Leuchtkraft, nimmt ein käsiges Gelb an. Verblasst. Ich verharre auf dem Hochsitz und spähe hinaus ins Dunkel zum Süsswassersee. Angestrengt. Möchte sehen, wie der Tag anbricht, wie das Licht zunimmt. Wahrnehmen will ich es. Mit allen Sinnen, von Minute zu Minute.

Wenn das Morgengrauen vom Himmel fällt – oder steigt es aus der Tiefe des Wassers? – ist nichts mehr klar getrennt: der Tag nicht von der Nacht, das Land nicht vom See. Bäume, Büsche, der Auenwald und vom Wind bewegtes Schilf tauchen ins Wasser. Sie saugen, darin ertrinkend, seine schwarzgraue Farbe auf. Alles ist dunstig und verschwommen. Das Ufer verändert fortwährend seine Linie. Später werden die feinen Dämpfe sichtbar. Sie steigen über der Wasserfläche auf, brodeln kurz, bevor sie sich in der noch kaum spürbaren ersten Wärme auflösen. Die Sehnsucht nach dem Paradies. Das Begehren nach Licht, wenn man lange in der Dunkelheit ausgeharrt hat. Der Wunsch nach Tönen, wenn Orchester und Publikum im Konzertsaal mit gespannter Stille auf den Auftritt des Dirigenten warten. Alleinsein in erwachender Natur ist Warten. Warten, bis nach einer Nacht ein neuer Tag kommt. Bis die Tür zum Paradies sich öffnet und dieses sicht- und hörbar wird.

Wenn das Licht der wiederkehrenden Sonne aufflackert, gibt ein verborgener Dirigent seinen ersten Einsatz. Zu Beginn sind es nur wenige Töne:

Pianissimo - piano.

Im Minutentakt kommen Instrumente und Stimmen dazu. Die Musik wird polyphon. Laut. Und lauter. Ein Crescendo mit all seinen Nuancen und Steigerungsgraden ist sie, und der Dirigent schreibt fortwährend neue Anweisungen in die Landschaft:

Mezzopiano, mezzoforte, forte, fortissimo.

Über mir im Geäst und vor mir in Schilf und Wasser Musiker und Sänger ohne Zahl mit mehr Stimmlagen und Registern als Menschen sie sich ausdenken können. Launisch und lebhaft kommen die Töne daher. Melancholisch und sehnsüchtig. Aus Hunderten fein und farbig gefiederten Kehlen:

Das Piepsen, Pfeifen, Schnattern, Zwitschern, Trillern, Tschilpen, Trompeten, Rufen, Gurren. Dann die Kuckucksterz - wieder und wieder. Auch Perkussionisten stimmen ein: Hämmern, Trommeln, Gackern, Schnarren, Krächzen, Sägen. Bisweilen wird alles übertönt vom Schimpfen, Lachen und Spotten der Kritiker:

Presto und Prestissimo.

Ein Konzert ohne Noten. Als Aula diese undurchschaubare Landschaft: Zu Beginn besteht sie bloss aus Schattierungen von Grau, schraffiert mit dünnen Bleistiftstrichen. Später sind es wässrige Aquarelltöne. Wenn die Sonne über dem See steht, erhält die Camargue die Leuchtkraft des Meeres zurück. Die ihr eigene Wechselwirkung von Licht und Schatten. Ich notiere im Tagebuch:

…zwischen Schilfhalmen steht der Reiher, den spitzen Schnabel im Anschlag. Eine Frage der Zeit nur, bis er zustossen wird.

…wie zufällig setzt sich ein schillernd blau, grün und orange kostümierter Eisvogel auf das Astgerippe einer Tamariske und verfolgt von dort jede Bewegung in der Tiefe des Wassers.

…über mein Versteck fliegen Schwalben. Mit geometrischer Genauigkeit beherrschen sie den Luftraum, während sie Fluginsekten jagen.

Die Camargue ist abseitig und andersartig. Ist flüssig, luftig und ungefähr. Sie lässt mich verstummen und hinhören, was Henry Aubanel mir zu sagen hat:

Die Camargue hat sich eine Unabhängigkeit bewahrt,
die allen zentralistischen Gewalten widerstand;
sie gleicht ihrem Boden, der kein gewachsenes Festland
ist, sondern ewig sich wandelndes, von seinem Erzeuger,
dem grossen Strom, immer erneut umgeformtes,
lebendes Schwemmland, das seine Gestalt ständig,
sein Wesen aber nie ändert.

Südfrankreich, Mont Ventoux und Camargue,
Mai 2015

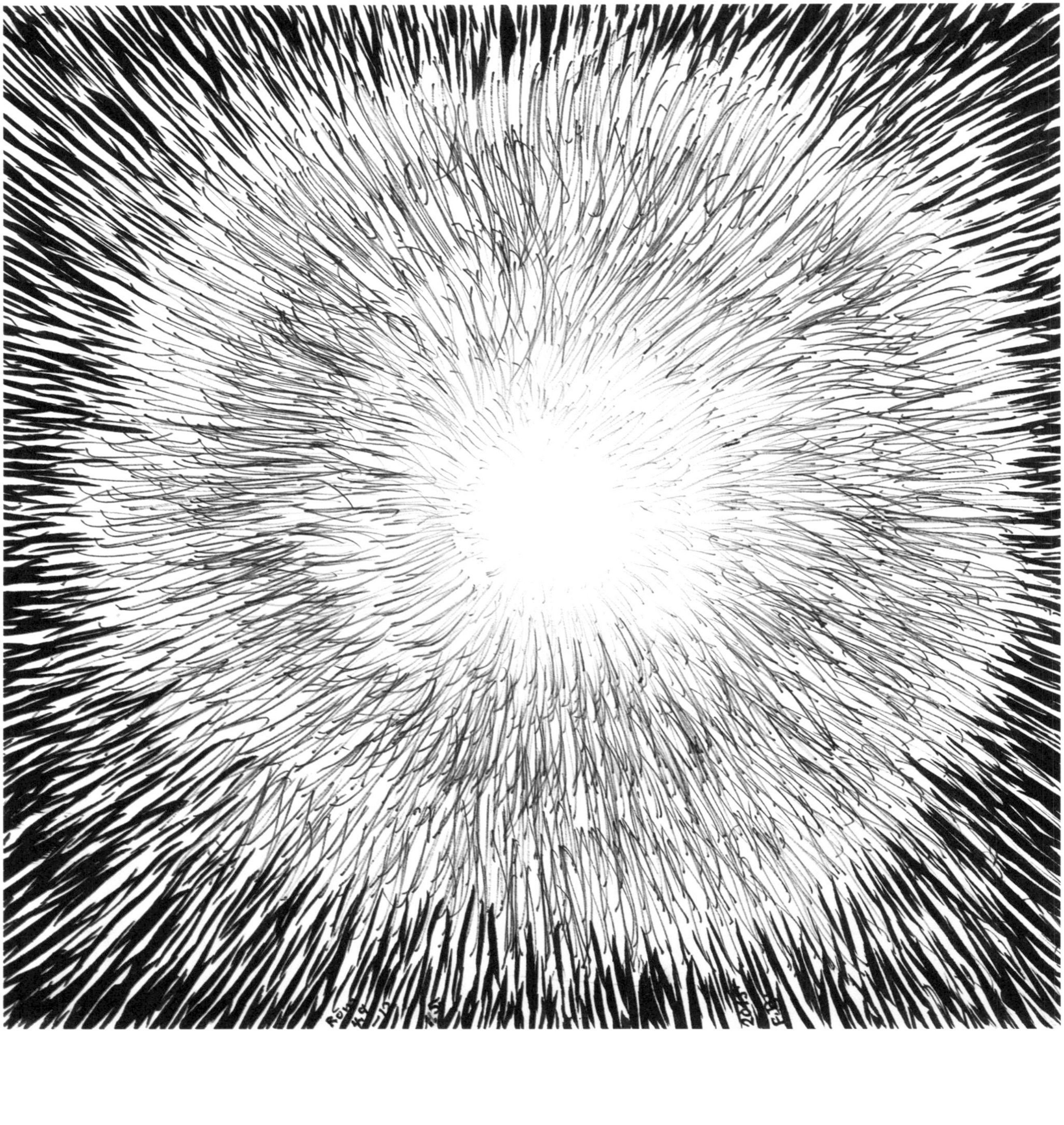

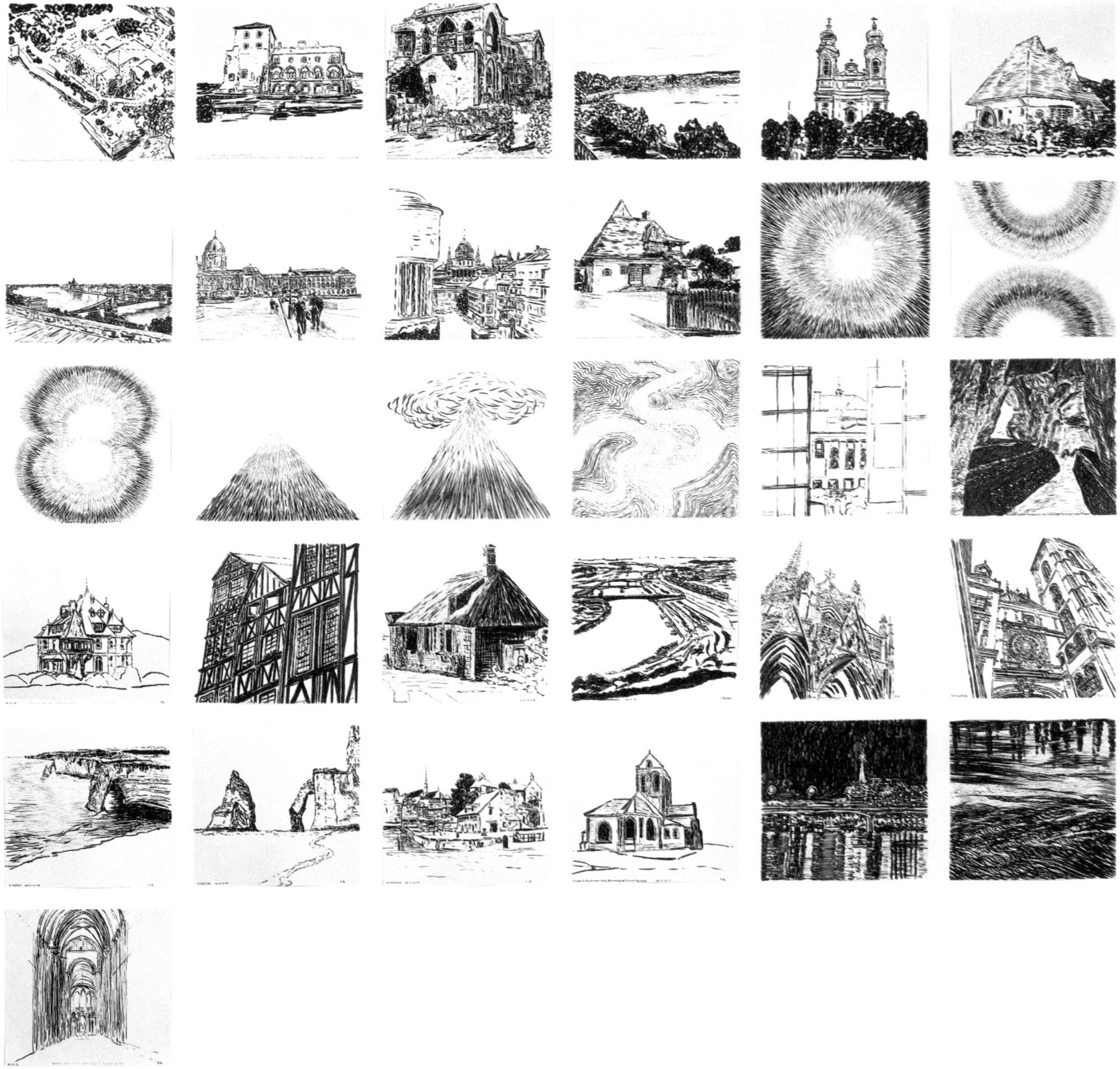

Juni

17.6.15 EINZELAUSSTELLUNG FRANZ BUCHER IN SANT'ANSELMO ROM, ERINNERUNG AN 2009 F.B.

21.6.15 MEINE VERNISSAGE IN SANT'ANSELMO ROM F.B.

Die Schatten des Doubs

An diesem frühen Morgen erwache ich mit schmerzenden Füssen. Schon beim Aufstehen verspüre ich eine Starre, wie ich sie sonst nur am Ende eines langen Tages kenne. Was mich trotzdem dazu antreibt, nach der Fischerweste und dem Weidenkorb zu greifen, ist der Himmel. Er hat nach dem nächtlichen Gewitter aufgeklart, nach einem Regenbad ist die Luft rein, die Witterung günstig. Mich packt das Fieber. Dieses Jagdfieber.

Die Sieben-Fuss-Rute habe ich schon am Vorabend mit einer schwimmenden Fliegenschnur ausgerüstet. Die Wathose ist über Nacht trocken geworden. Wer bei Anbruch des Tages angeln will, muss bereit sein. Gar einer, der nicht mehr so jung ist und doch nochmals etwas versuchen will, was ihm in früheren Jahren nicht gelungen ist.

Fliegenfischen heisst, allein und lange im Wasser zu stehen, bis hin zur Unerträglichkeit des ständigen Rauschens. Man braucht Zeit, um zu begreifen, wie der Fluss in jedem Abschnitt einen andern Erzählstil hat:

Der breite blaue Doubs berichtet mit leiser, murmelnd rauschender Stimme. Wo er auf Kiesbänken steinig und voll Geröll ist, strömen und plätschern seine Worte nur so dahin. Aufmunternd sind sie und klar. Wo der Doubs Naturbarrieren quert, über Schwellen stolpert und fällt, treibt er die Geschichten als eiliges Schwemmgut vor sich her. Vor Dämmen stockt der Erzählfluss. In Altwasserweihern, wo in fiebriger Hitze Insekten ohne Namen aufsteigen, verstummt die Stimme des Erzählers.

Der Doubs lässt sich schwer durchschauen. Das liegt am Himmel, der auf dem Wasser flüssig wird und unentwegt den Jäger widerspiegelt: den Eindringling mit dem fiebrigen Eifer, sein stilles Lauern, seine bedrohlichen Absichten.

*

Du warst gerade dreizehn, als dich dieses sonderbare Fieber erstmals überraschte. Damals gab es noch ein kleines Waldbächlein, das von der einstigen Obwaldner Richtstätte in den Sarnersee floss. Für euch war es das «Galgenbächli». Eines Tages entdecktet ihr Buben auf einem Streifzug, dass vom See her selten grosse Forellen in das kiesige Rinnsal eingestiegen waren. Forellen, die Laich ablegen wollten. Jetzt konnte euch nichts mehr halten. Obwohl es schon Ende Oktober war, stiegt ihr barfuss ins Wasser.

Der Jagdeifer trieb dir das Blut durch die Adern, deine Hände zitterten vor Aufregung. Ihr verfolgtet die Fische von Stein zu Stein, liesst nicht locker, bis einer Forelle im seichten Wasser kein Fluchtweg mehr blieb.

Es waren deine Finger, die sich um den glatten, kalten Fischleib krallten. Zwar kanntest du das Gefühl, einen zappelnden Fisch in den Händen zu halten. Und du wusstest auch, was nachher kam. Aber diesmal war alles anders. Du erschrakst über dich selber. Ja, wie konntest du nur Hals über Kopf fliehen? Den grossen Fisch im Gehölz liegen lassen?

*

Auch jetzt bin ich erregt, wenn ich am Ufer des Doubs stehe. Zu dieser frühen Stunde liegt er einsam vor mir. Ölgrün spiegeln sich die nahen Bäume, die Kronen des Auenwalds schimmern im Morgenlicht silbern. In der Luft bewegt sich ein schwarzer Schwarm Mücken. Der aufkommende Sommer flirrt und sirrt.

Vor Jahren hatte mir ein alter jurassischer Fischer aus dem Dörfchen St. Ursanne verraten, wo im Juni ganz besondere Fische stehen:

Les ombres du Doubs!

Ombre: der französische Name für die Äsche. Ombre heisst Schatten. Manchmal lassen sich die Schatten des Doubs über dem Grund von der Strömung rückwärts treiben. Dann wieder entschwinden sie mit schnellen Schwimmbewegungen flussaufwärts. Einen Augenblick sind sie da, im nächsten schon wieder dort. Wenn eine Äsche steigt, nach einer Fliege hascht, entsteht auf der glatten Oberfläche des Wassers ein Kreis. Für einen Augenblick wird dann in der Strömung die grosse Rückenflosse des Fisches sichtbar: wie eine Fahne. Die Äsche ist ein eleganter Fisch. Und ein eigensinniger. Wer Äschen fangen will, muss ihren Charakter kennen. Und er muss die Natur des Flusses verstehen.

Am Ort, den mir der Fischer genannt hatte, steige ich ins Flussbett. Vorerst quere ich einen schmalen Seitenstrom. Später stapfe ich durch knietiefe Wasser. Immer flussaufwärts, aber längst nicht mehr so behände wie früher. Der Doubs leistet Widerstand. Wo die Strömung stärker wird, muss ich dagegen ankämpfen. Die Wathose klebt an den Beinen, das Wasser türmt sich an meinen Knien hoch, immer wieder rutscht Kies unter den Schuhen weg, und ich drohe den Halt zu verlieren.

Vor einigen Jahren hatte ich hier noch hüfttiefes Wasser durchwatet und Schwellen überklettert, um möglichst nahe an aufsteigende Äschen heranzukommen. Doch die Anstrengungen brachten meist wenig Erfolg. Heute übe ich mich in Geduld. In Geduld gegenüber den Gewohnheiten des Fisches. In Geduld gegenüber mir selber, nichts zu überhasten, nichts falsch zu machen. Anders als der Handfischer von früher will der Fliegenfischer von heute der Kreatur ein fairer Gegner sein.

Der Jäger weiss: Nie wird er schneller sein als der Fisch. Dieser ist im Wasser in seinem Element. Für die Äsche ist der Mensch weniger gefährlich als der Reiher, der wie aus dem Nichts auftaucht, lautlos und blitzschnell zustösst, die Beute mit dem Schnabel packt, um sie, sobald er sie hat, zu verschlingen. Der Jäger vermag sich im Flussbett kaum zu verbergen. Ihm bleibt bloss die Möglichkeit, den Fisch zu täuschen. Gelingt ihm dies, muss er erst der Kraft des Fisches widerstehen, bevor er die Beute in den Händen hält.

Unterhalb der Stromschnelle bleibe ich stehen. Darüber ist die Wasserflut glatt und ruhig. Das kaum wahrnehmbar fliessende Wasser muss hier metertief sein. Ein flaches Gegenlicht sorgt für genügend Helligkeit, so dass ich die gleissende Oberfläche weit hinauf überblicken kann.

Plötzlich entsteht auf dem Wasser ein Kreis. Bald danach ein zweiter und ein dritter. Ich habe im Doubs schon oft Äschen gefangen. Aber so grosse Kringel, die sich über der spiegelglatten Oberfläche wellenartig verbreiten und erst Sekunden später im Nichts verlieren, habe ich selten gesehen. Diese Äsche muss um einiges grösser sein als alle, denen ich bislang nachgestellt habe.

Ich verharre in der unbequemen Stellung, bewege mich möglichst nicht, will versuchen herauszufinden, wie der Fluss am Standplatz der Äsche strömt. Aus Erfahrung weiss ich, dass die Äsche am Grund steht. Insekten, die in langsamer oder mittlerer Strömung auf dem Wasser schwimmen, nimmt sie nur auf einem langgezogenen schmalen Streifen. Befindet sich ein Insekt auch nur ein wenig seitwärts, bleibt der eigensinnige Fisch stehen. Am liebsten nimmt die Äsche Insekten an, die sich in grosser Zahl aufs Wasser setzen. So kann sie wählen.

Es dauert eine ganze Weile, bis es mir gelingt, eine der entgegenschwimmenden Fliegen in der hohlen Hand aufzuheben. Hell ist sie. Ein leise vibrierendes, zitterndes Insekt, so zerbrechlich, dass es schon bei der ersten Berührung mit dem Finger zerfällt.

Ich suche in der Aluminiumdose nach einem ähnlichen Muster. Eine Fliege mit Flügeln aus weisser Hechelspitze, einem grauseidenen Körper und weissen Schwanzfäden scheint mir richtig. Während ich sie am Vorfach festknote, werfe ich auch immer wieder einen Blick aufs Wasser. Dort bilden sich in regelmässigen Abständen Kreise.

Meine Erregung wird grösser.
Meine Hände zittern.
Mein Mund ist trocken.

Ich weiss, dass jede künstliche Fliege unvollkommen ist. Täuschen könnte ich den Fisch, wenn ich die Fliege mit Entenbürzeldrüsenfett einriebe. Diese grosse Äsche aber möchte ich allein mit der Kunst eines guten Wurfs überlisten und mit der Art, wie ich das unnatürliche Schwimmen der Fliege auf dem Wasser verberge.

Ich rolle mehrere Meter Schnur ab. Die Haspel schnurrt, während ich die Schnur durch die Finger aufs Wasser gleiten lasse.

Jetzt oder nie.

Ich ziehe die Schnurspitze mit der am Vorfach befestigten Fliege in die Höhe, schwinge die elastische Rute zuerst über die Schultern zurück und dann wieder nach vorn. Über meiner rechten Achsel zischt die Leine rhythmisch durch die Luft. Eins übers andere Mal. Bis die Schnurspitze über jener Stelle ist, wo eben die Wellen eines Kringels verebben. Jetzt bremse ich die Bewegung brüsk ab. Ich lege die Schnur in ihrer gesamten Länge aufs Wasser, ganz sachte.

Die Augen müssen sich anstrengen, damit sie den hell gefiederten Haken erkennen. Ruhig und langsam zieht er in der Strömung flussabwärts. Einen Meter etwa. Jeder meiner Muskeln ist gespannt.

Wie die Äsche die Oberfläche durchbricht und nach der Fliege schnappt, schlage ich hart an. Es gibt einen heftigen Ruck, dann biegt sich die Rute. Die Schnur saust weg. Für einen Augenblick verliere ich jede Kontrolle. Wie dann der gehakte Fisch kurz stillsteht, fange ich die Leine ein. Doch schon kämpft die schwere Äsche gegen mein Ziehen an. Die Rute ruckt und zuckt. Ich folge jeder Bewegung im Wasser. Wäre ich nicht mitten im Fluss, ich würde mich auf den Boden werfen um Halt zu finden. Der Drill dauert an. Die Äsche springt auf: einmal, zweimal. Sie wehrt sich mit aller Kraft gegen den Haken in ihrem Maul.

Ich kenne diesen Moment, wo der Jäger die Beute unmittelbar vor sich sieht. Wo er sie mit hoch erhobener Rute über den Kescher zieht. Wo er hat, was er so sehr ersehnte.

Doch in genau diesem Moment lässt meine Spannkraft nach. Ich weiss nicht, ob ich nicht mehr kann oder ob ich nicht mehr will. Anstatt den Fisch über den Kescher zu zwingen, senke ich die Rutenspitze. Der Zug lässt nach. Die Äsche zögert nicht. Blitzschnell schwimmt sie weg, direkt in die Strömung. Als die Schnur sich wieder spannt, wird ihr Druck zu gross. Das Vorfach reisst. Die Schnur erschlafft.

Für einige Sekunden sehe ich die schöne, grosse Äsche noch. Wie unter einem Glas steht sie auf dem kiesigen Grund. Ein Schatten im Doubs.

St. Ursanne, Doubs,
Juni 2015

900 JAHRE JUBILÄUM ANSELM VON CANTERBURY 2009, UNIVERSITÄT SANT'ANSELMO ROM
16.6.15 ERINNERUNG AN MEINE EINZELAUSSTELLUNG MIT AUFTRAGSWERK FB.

MINORITENKIRCHE
KÖLN
27.6.15
F.B.

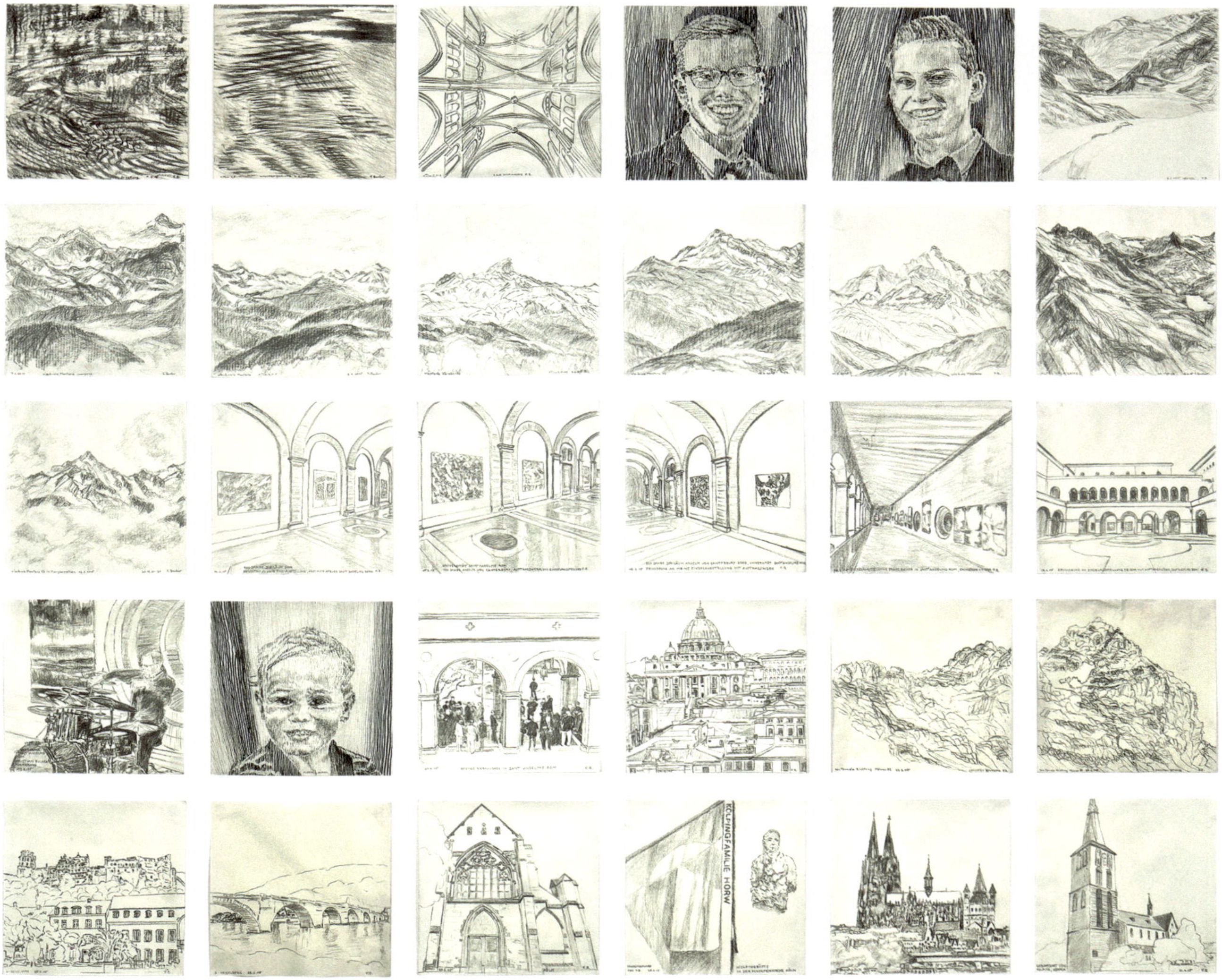
KOLPINGFAMILIE HORW

Juli

20.7.15 Franz Bucher

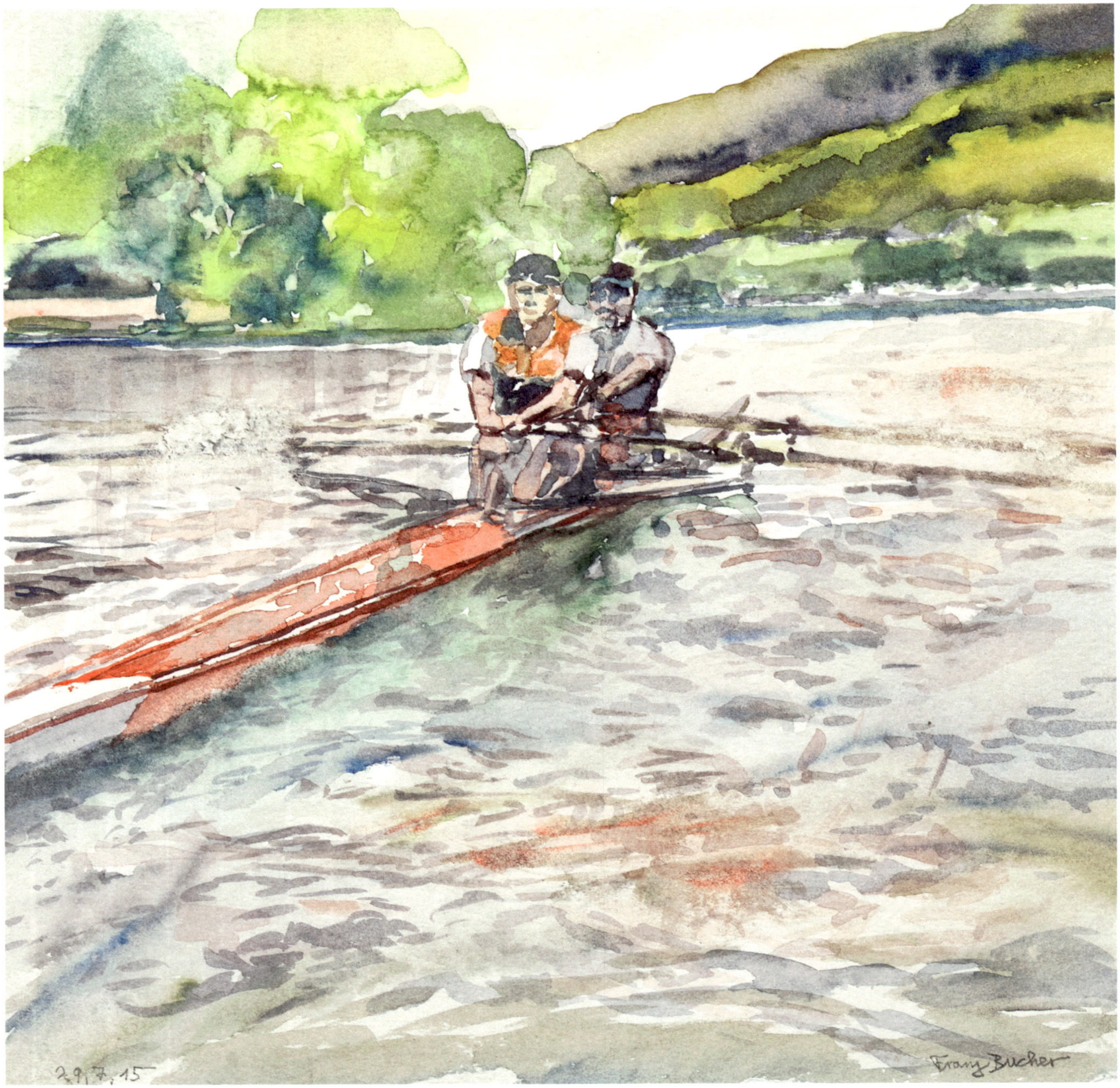
29.7.15
Franz Bucher

Der verrückte Wunsch ein Gedicht zu schreiben

Es ist Zufall, vielleicht auch Glück. Wir haben eben ein Radweg-Schild verpasst. Dank dem Umweg entdecken wir das Naturerlebnisbad Murg am deutschen Rheinufer. Aus der Vogelperspektive schauen wir ein Weilchen auf das bunte Treiben. Und beide wissen wir gleich, dass wir am Ende unserer Tour nochmals hierher zurückkehren werden. Freibäder ziehen uns an. Das ist auch an diesem Tag so.

Nachdem wir im Flusswasser mit dem eigenartigen Geruch nach frischen Algen geschwommen haben, fühlt sich die Haut kühl und angenehm feucht an. Wir suchen auf der Liegewiese die Wärme der Sonne, schliessen die Augen und dösen vor uns hin.

Und wie wir so daliegen, inmitten hoher, alter Bäume, höre ich plötzlich nur noch diesen Lärm. Ganz in der Nähe ist er und doch scheint er aus weiter Ferne zu kommen. Es ist die Geräuschkulisse der Freibäder, die sich mit nichts anderem vergleichen lässt. Je länger man diesen fröhlichen Lärm wahrnimmt, desto mehr verwandelt er sich in Musik. In ein Sommerlied mit all den vielen Stimmen von Kindern mit Sonnenhüten und bonbonfarbenen Badekostümen.

Sie rennen einander hinterher,
spielen Fangen und werfen Bälle.
Sie rufen sich zu, lachen, schreien,
kreischen, quieken, feixen, zanken.
Sie springen in Becken, gleiten über
Rutschen und klettern auf Türme.

Es platscht, plätschert, klatscht, spritzt, wirbelt, zwirbelt.
Kinder spielen mit bunten Entchen.
Mit Fischen, Fröschen und Schiffchen aus Plastik.
Aus Kesseln leeren sie Wasser in Wasser.
Im Sand bauen sie Burgen aus Sand.
Und Kinder schlecken gerne Eis.

Wo die Kinder zufrieden sind, bleiben die Uhren stehen. Es ist diese Zeitlosigkeit und es sind die lockenden Geräusche und Töne, die uns immer wieder ans Wasser ziehen. Wenn sich, an so einem blauen Tag wie heute, die Hitze in der Kühle tarnt, ist mir, als wolle der Augenblick verweilen: nur weil er sich vergnügen möchte, bevor er zur Erinnerung wird.

Und ich frage mich, ob es nicht möglich sein müsste, die Zeit zurückzudrehen. Heute, an diesem schönen Sommerabend, in diesem Schwimmbad.

Ich stehe auf, gehe zum Kiosk, kaufe Eis: Erdbeereis und Schokoladeneis. Wie damals an diesem einen Sommertag.

*

Ihr liegt unter einer knorrigen Akazie am Ufer des Luganer Sees, hört das Zirpen der Grillen, der Wind hält still, und am Horizont lösen sich die Silhouetten der Tessiner Dörfer nach und nach in milchig weissem Dunst auf, ihr fragt euch nicht, was war und nicht was sein wird. An diesem silbernen, fast wolkenlosen Sommertag steht für euch die Zeit still. Als müsste dieser Tag ewig dauern.

Ihr wart nicht mehr Kinder, aber auch noch nicht ganz erwachsen. An diesem Tag – die Luft musste 38 Grad gehabt haben, das Wasser bestimmt 25 – schwammt ihr erstmals nebeneinander im See. Als ihr aus dem See zurückkamt, schätztet ihr die Sonne wieder. Da sasst ihr auf warmen Steinen am Ufer, über euren Köpfen der Honigduft der Akazien, während das Wasser mit euren Füssen spielte: ein ständig plätscherndes, sanftes Streicheln.

Wie ihr euch nun gegenseitig den Sand vom Rücken wischt und mit Sonnenöl einreibt, knistert eure erhitzte Haut vor Spannung. Und überall um euch herum ist dieser Badegeruch: mehr ein Gefühl als ein Geruch.

Später, als ihr träge nebeneinander auf dem Rasen liegt, bemerkst du, wie sie dich verstohlen beobachtet, und du musst dir eingestehen, dass auch du sie immer wieder blinzelnd ansiehst. Zu gerne wüsstest du, was sie denkt und nicht sagt. Manchmal sagt ihr auch etwas. Nur, um nicht zu schweigen.

Zu dieser Zeit wolltest du oft mehr sein als du warst. So hattest du eben noch versucht, ihr mit kühnen Sprüngen vom Brett Eindruck zu machen. Das war wohl falsch gewesen. Sie wirkte zwar scheu, aber du spürtest, wie sie dich durchschaute. Nun wolltest du einmal etwas richtig machen. Du erhobst dich und gingst hinüber zum Strandkiosk. Dort kauftest du Eis: Erdbeereis für euch beide.

Sie schleckte mit der Zungenspitze an ihrem Eis. Anders als du. Ganz langsam, als wollte sie jeden Moment geniessen.

Schliesslich stand auch sie auf und ging zum Kiosk. Als sie zurückkam, hatte sie zwei Gelati gekauft: Schokoladeneis für euch beide.

Gegen Abend, als ihr euch dann mit dem Mofa auf den Heimweg machtet, schlang sie ganz selbstverständlich ihre Arme um deine Brust. Dass das so sein musste, wusstet ihr beide aus dem Film «Ein Herz und eine Krone» mit Audrey Hephurn und Gregory Peck.

Ihr kamt im Dörfchen Sessa an, als die Sonne eben hinter dem fernen Monte Rosa verschwand. Am Campanile stiegen die Schatten immer höher.

Du schlugst vor, noch einen Spaziergang ins Grüne zu machen: Weil ihr doch in den Ferien wärt! Später, in der Deutschschweiz, sehe dann alles wieder anders aus.

Ein südlicher Abend: An den bewaldeten Hügeln kleben malerisch die Tessiner Dörfchen mit ihren meist einfachen Häusern aus Stein und den klingenden Namen: Lanera, Beredino, Astano, Bedigliora. Die Wälder haben ein warmes, dunkelndes Olivgrün, über den Weinreben flimmert und sirrt die Luft. Wo der Weg durch Kastanienwald geht, raschelte und knisterte es im spröden Geäst und Laub: Eidechsen, die das Weite suchen. Über euren Köpfen, zwischen Zweigen die Rufe unsichtbarer Vögel.

Auf einer Sitzbank im Rebberg lasst ihr euch nieder und wartet aufs Eindunkeln. Du spürst wie dein Herz schlägt. Glaubst zu hören, wie das ihre schlägt. Als ihr dann in den glasklaren Nachthimmel schaut, fangen ihre dunkelbraunen Augen das letzte Licht auf. Aus Büschen das blinkende Schimmern von Leuchtkäfern. Vieles, was ihr sagen wollt, bleibt ungesagt. Schliesslich nimmst du ihre Hand in deine Hand.

Wie ihr dann eure Adressen austauschtet, hattest du diesen verrückten Wunsch. Den Wunsch, ein Gedicht zu schreiben, ein Gedicht mit Worten für sie. Es steht im Tagebuch von damals:

Tessiner Sommer
Ich sehe dich im südlichen Blau,
in einem Licht, das deine Kastanienaugen glitzern lässt,
in der Landschaft, die mir vertraut ist und fremd,
mit ihrem Duft von Akazien und Farn.

Ich sehe dich im südlichen Blau
und suche Worte fürs Schweigen,
während unsere Zeit wie Schokoladeeis zerschmilzt.
Ich sehe dich im heiteren Blau. (Sessa, 1965)

*

Und heute, wo sie in einem zufällig entdeckten Naturerlebnisbad wieder Schokoladeneis schleckt – langsam und jeden Augenblick geniessend – weiss ich, dass auch ihre Gedanken zu jenem einen Tag und in unser Tessiner Dörfchen zurückkehren.

Murg (BRD),
Juli 2015

und Malcantone (TI),
Juli 1965

24.7.15 Kol 1,15-20   SACHSELN–WIDERFELD   Franz Bucher

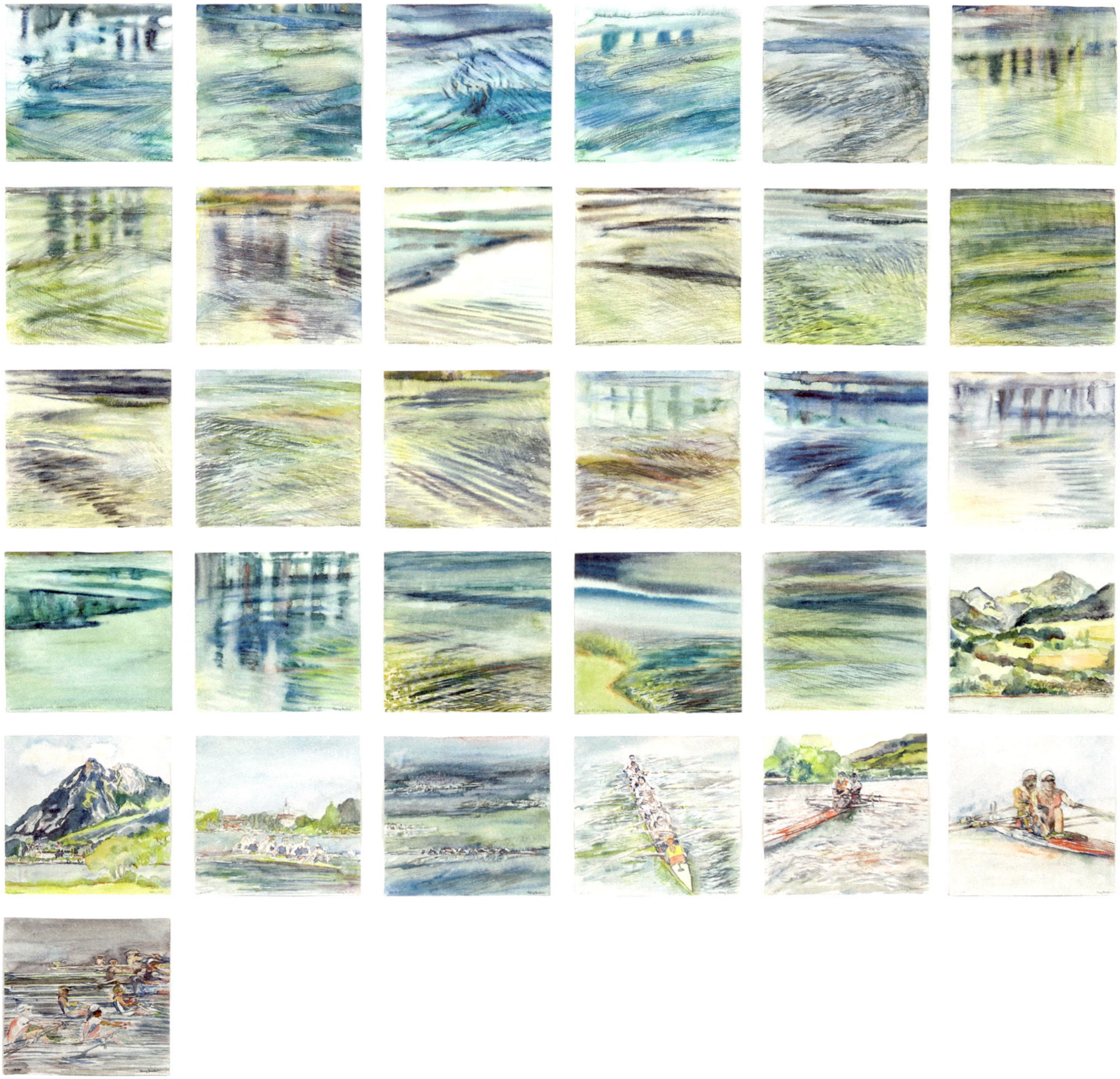

August

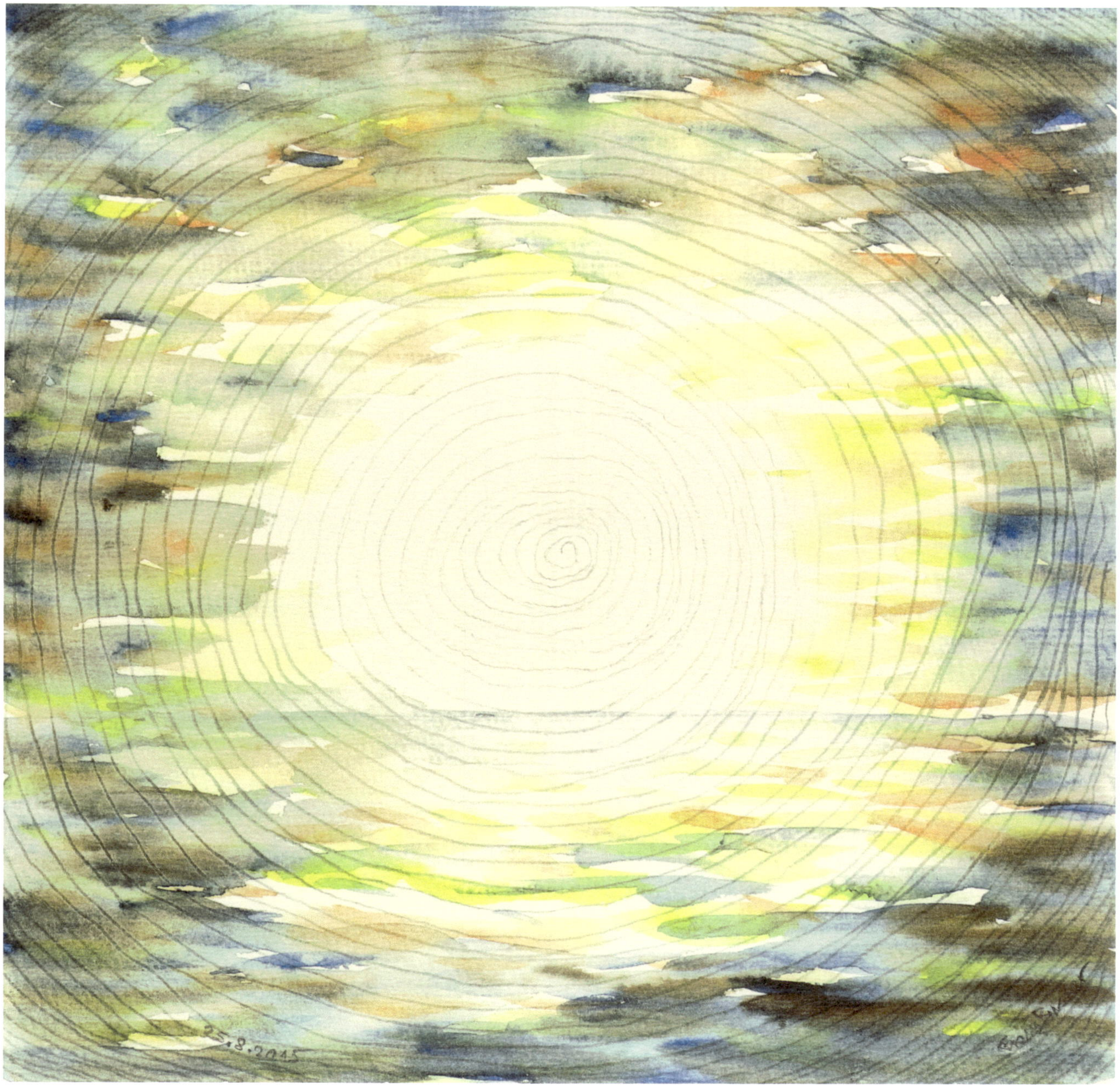
25.8.2015

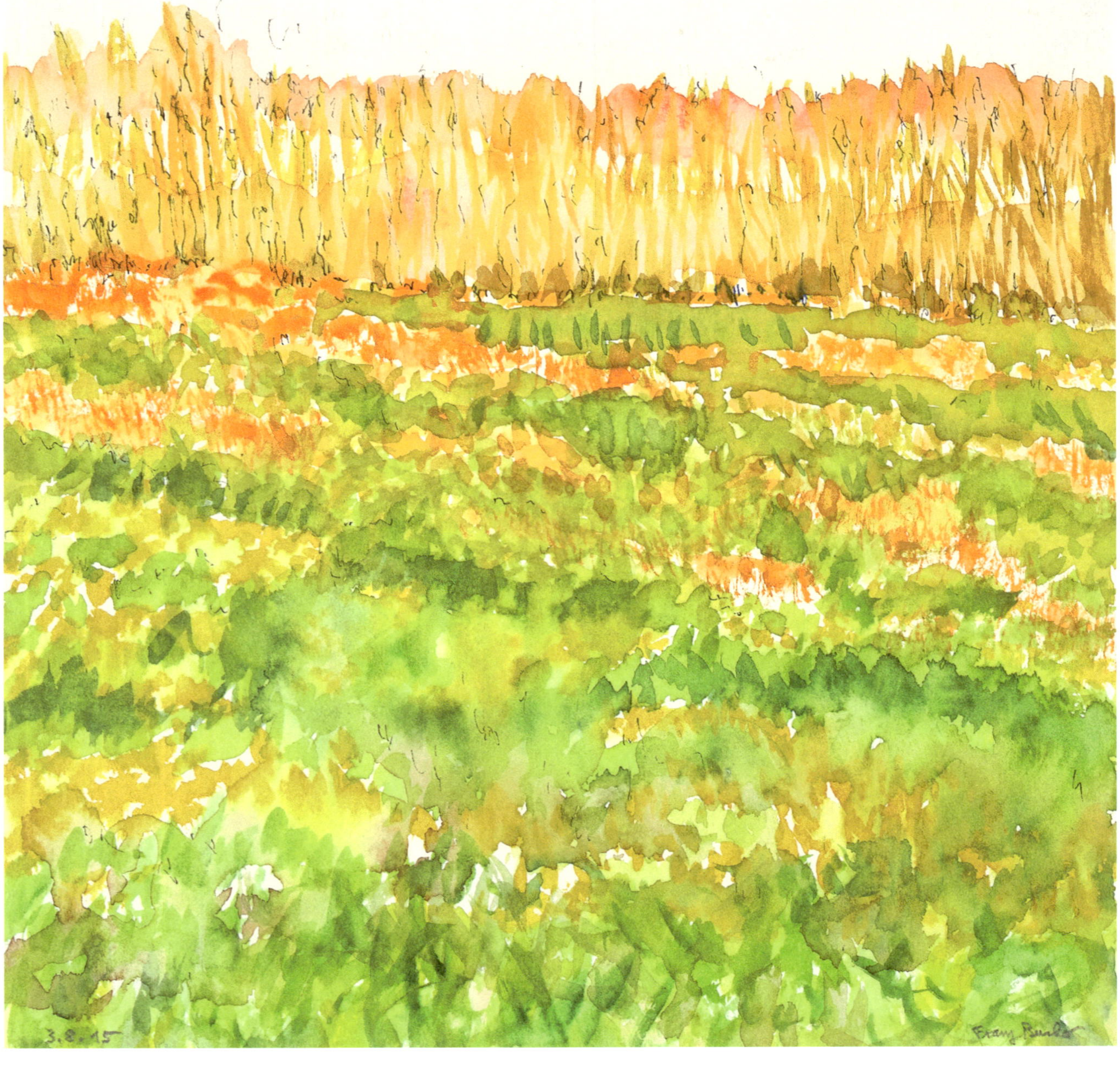
3.8.15

Pilger und Geschichten

Anfang August bekam ich von einem mir bekannten Journalisten einen Anruf. Er begleite eine deutsche Pilgergruppe ein Stück auf dem Jakobsweg, sagte er. «Würdest du uns treffen und die eine oder andere Geschichte aus Obwalden erzählen?» Ich hatte an dem Tag nichts anderes vor. So vereinbarten wir den Treffpunkt: St. Niklausen. Dort befindet sich am Jakobsweg das älteste Gotteshaus unserer Gegend mit einem Turm, der abseits der Kirche steht.

An einem regnerischen Nachmittag warte ich auf die Pilger, als Sitzbank dient mir ein Steinmäuerchen unter schützendem Vordach, und ich erinnere mich, was die Leute bis heute erzählen:

Um 1350 hatten Einheimische die Kapelle noch «Sanct Niklauss uff Bänken» genannt. Zum Gottesdienst sassen sie im Schutze eines mächtigen, heiligen Eichenbaums, berichtet man. Auf «vil Stül und Bänk», im Freien, mit Blickrichtung weg von der Landschaft, hin zum Priester im offenen Chor.

Wolken segeln vorbei, und immer wieder fallen grosse Tropfen. Jetzt, wo die Tage etwas kühler werden, wandern sie wieder: Männer und Frauen auf dem Jakobsweg. Mit leichtem Gepäck. Immer gegen Westen. Auf der vorgegebenen Route auch durch unsere Dörfer und Weiler.

Prospekte preisen die Kapelle von St. Niklausen an: Ein Kraftort, heisst es da, sei sie.

Für mich ist sie ein Dreh- und Angelpunkt: Der Blick von hier ist frei und herrlich, geht hinunter zum See, hinüber zum Ramersberg, hinaus zum Pilatus, hinter mir in die Melchtaler Berge – und weit weg zu weissen Gipfeln des Berner Oberlands.

Rund herum herrscht beschauliche Stille. Nur von Zeit zu Zeit, wenn im alten Turm die Heidenglocke schwingt, wird sie jäh durchbrochen. Eins, zwei, drei, vier. Dumpfe Schläge.

Meine Pilger haben sich verspätet.

Dieser Heidenturm! Er durfte die Kapelle nie berühren. War es der Heidenlärm? Die Heidenangst? Der Heidenspass etwa? Oder doch das «Heidmuäterli», das – wie mir Grossmutter glaubhaft erzählte – beim Wandlungsgeläut den Klöppel der Glocke aufzuhalten versuchte?

*

«Alles alte und wahre Geschichten», sagte Grossmutter! Und lehrte dich: Heiden würden Götter verehren und noch immer in Heidenhütten hoch auf Bergen hausen. Nur einmal im Herbst kämen sie zu den Leuten ins Tal. Als Wildmänner und Wildweiber. Und dann würden sie vor allen Leuten erzählen, was sonst keiner zu erzählen wage.

Aus dem Heidenturm sei später der Römerturm geworden, aus dem Römerturm der Glockenturm.

Obwaldner Kulturgeschichte in einer Turmgeschichte, überliefert in Grossmutters Erzählungen.

*

Ich sperbere hinüber zum Zubner-Ried. Dort führt der Jakobsweg an einer mächtigen Eiche vorüber. Eine vorchristliche Kultstätte, heisst es im Führer.

Der Weg windet sich und schlängelt sich, kriecht über die Wiesen wie ein nass glänzendes Reptil.

Jetzt endlich sehe ich die Pilger kommen. Sie rücken vor, mit weit ausholenden Schritten, das Ziel nie aus den Augen verlierend.

Windjacken und Pullover, Filzhüte und Wollkappen, Wanderschuhe und Socken, Stäbe und Stöcke. Staubig ihre Kleider und Schuhe, mehr und mehr schmerzend ihre Füsse. Und immer diese seltsame Sehnsucht – dieser Wunsch nach einem Glück, das erlitten sein will, das man erdulden muss.

Jetzt, wo sie den letzten Anstieg zur Kapelle in Angriff nehmen, leiden sie besonders. Westwind peitscht ihre Gesichter. Der gekieste Asphalt knirscht bei jedem Schritt. Regen nässt alles durch bis auf die Haut, die Hemden angeklatscht, Wasser rinnt über Stirn, Augen und Nase. Staub wird Dreck und beginnt an Schuhen und Kleidern zu haften.

Als Asyl vor Unbill bietet sich die Kapelle an. Sauber ist sie und der Chor von der Sigristin leuchtend geschmückt: Gladiolen, Margeriten, Dahlien, Phlox, Fuchsschwanz und Sonnenblumen in Vasen.

Ich bin weder ein frommer Mensch noch ein Heide, weder Denker noch Forscher, aber ich bin neugierig. Möchte gerne wissen, welches Verlangen Menschen auf dem «Camino de Santiago» vorwärts treibt.

Doch jetzt – in der Kapelle – will niemand mehr reden. Vor den mittelalterlichen Fresken, angesichts all dieser Bilder mit ihren Geschichten verstummen die Pilger.

Sogar Birchler, der Denkmalpfleger, ist einst ins Schwärmen geraten: Hatte auf die Bilder gestarrt und erkannt:

Dem eigentümlichen Rhythmus der Linien, Beugungen und Schwingungen der Gestalten und Gewänder kann kein Betrachter sich entziehen.

Er hatte Recht, und so erzähle ich von den Bildern:

An der Chorwand Carners drei arme Töchter. Vom Nothelfer, Sankt Nikolaus von Myra, mit Goldklumpen beschenkt und von schmählicher Prostitution bewahrt.

Oder die biblische Geschichte: Christus reitet auf dem Esel in Jerusalem ein. Juden empfangen ihren Messias mit Palmzweigen. Jubeln ihm noch zu, bevor sie ihn ans Kreuz schlagen werden. Aus Jerusalem macht der Künstler eine steinerne Zwingburg, vors Kreuz stellt er Hellebardenträger in Urschweizer Rüstung.

Und erst der barocke Deckenhimmel! Ein Bilderbuch mit hundert Heiligen und hundert Legenden. Michael, der Luzifer in die Hölle stürzt. Beatus, der einen bösen Drachen im Thunersee versenkt. Oder Klara von Assisi: Bewaffnet nur mit einer Hostie schlägt sie eine Rotte heidnischer Krieger in die Flucht.

Wie ich mit Erzählen aufhöre, wie alle still da sitzen – noch ein wenig bleiben und schauen – tritt der heilige Nikolaus von Myra mit Mitra, Stab, Buch und Goldkugeln aus seiner Nische hervor. Äugt um sich. Lauscht, ob ihn niemand beobachtet.

*

Ob sie, fragtet ihr Grossmutter abends, wenn ihr recht artig seid, noch eine Geschichte erzähle.

Grossmutter brauchte zum Erzählen keine Bücher, Grossmutter hatte alle Geschichten selber erlebt. Sie war in London und in Kairo. Und sie war auch in Italien, wie sonst hätte sie singen können:

Mid Trummlä und mid Pfiffä
wend si uf Mailand zuä,
ja z Mailand unnä, z Mailand unnä
hinderem rotä Tossä…

Grossmutter erzählte von tapfer verblutenden Eidgenossen. Liess vor euch den «Rotzer» erscheinen, diesen bärenstarken Mann aus dem Melchtal, der sich mit Leib und Seele dem Teufel verschrieben hatte. Vom Heiligen Bruder Klaus berichtete sie, und dass er als Kopfkissen einen Stein benutzt habe – noch heute könne sie uns den zeigen. Selbst die Höhle der Kernwaldräuber, die kein Mensch zu finden vermochte: Grossmutter kannte sie und führte uns hin.

Deine Sehnsucht nach Geschichten, sie wuchs beim Zuhören, du sassest neben Grossmutter auf der Kachelofenbank und fragtest: Wer war? Was war? Wo war? Wie war? Unersättlich warst du.

*

Sankt Nikolaus tastet sich durch die Bankreihen. Zaghaft. Zögernd. Als würde er weder den Pilgern noch seinem eigenen, goldenen Abbild trauen.

Wären da nicht Bilder, Statuen und Blumen – wäre da nicht vor allem Leere?

Die Stimme meines Bekannten bringt mich in die Wirklichkeit zurück. Die Pilger wollen aufbrechen.

Ich schaue ihrem Zug nach, folge ihm lange mit den Augen, beobachte, wie die Pilger, Windung um Windung, den steilen Weg hinunter steigen: Zur Klause im Melchaa-Tobel, ihrem nächsten Etappenziel. Ihrer nächsten Geschichte.

Kapelle «Sanct Niklauss uff Bänken»,
St. Niklausen August 2015

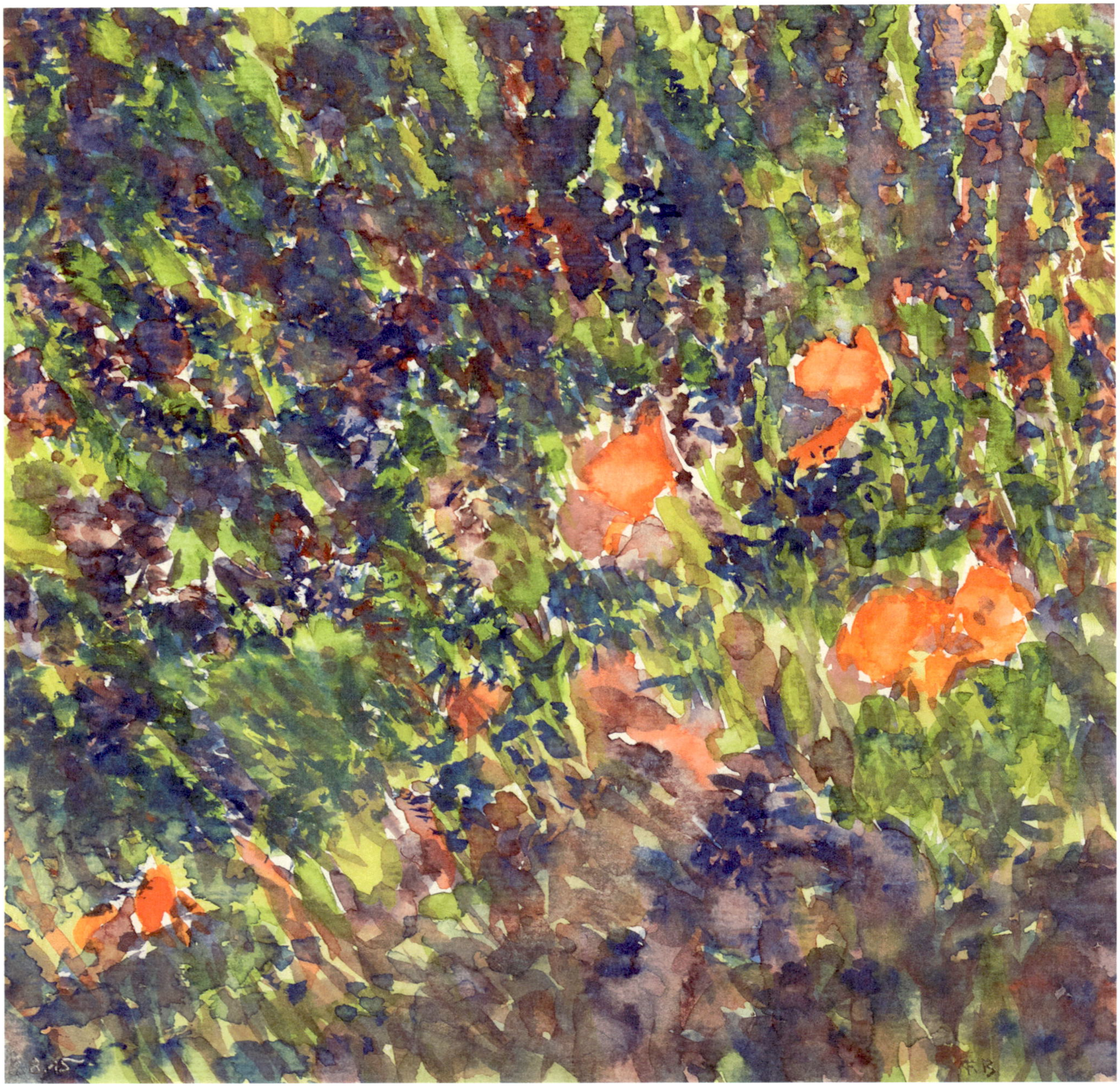

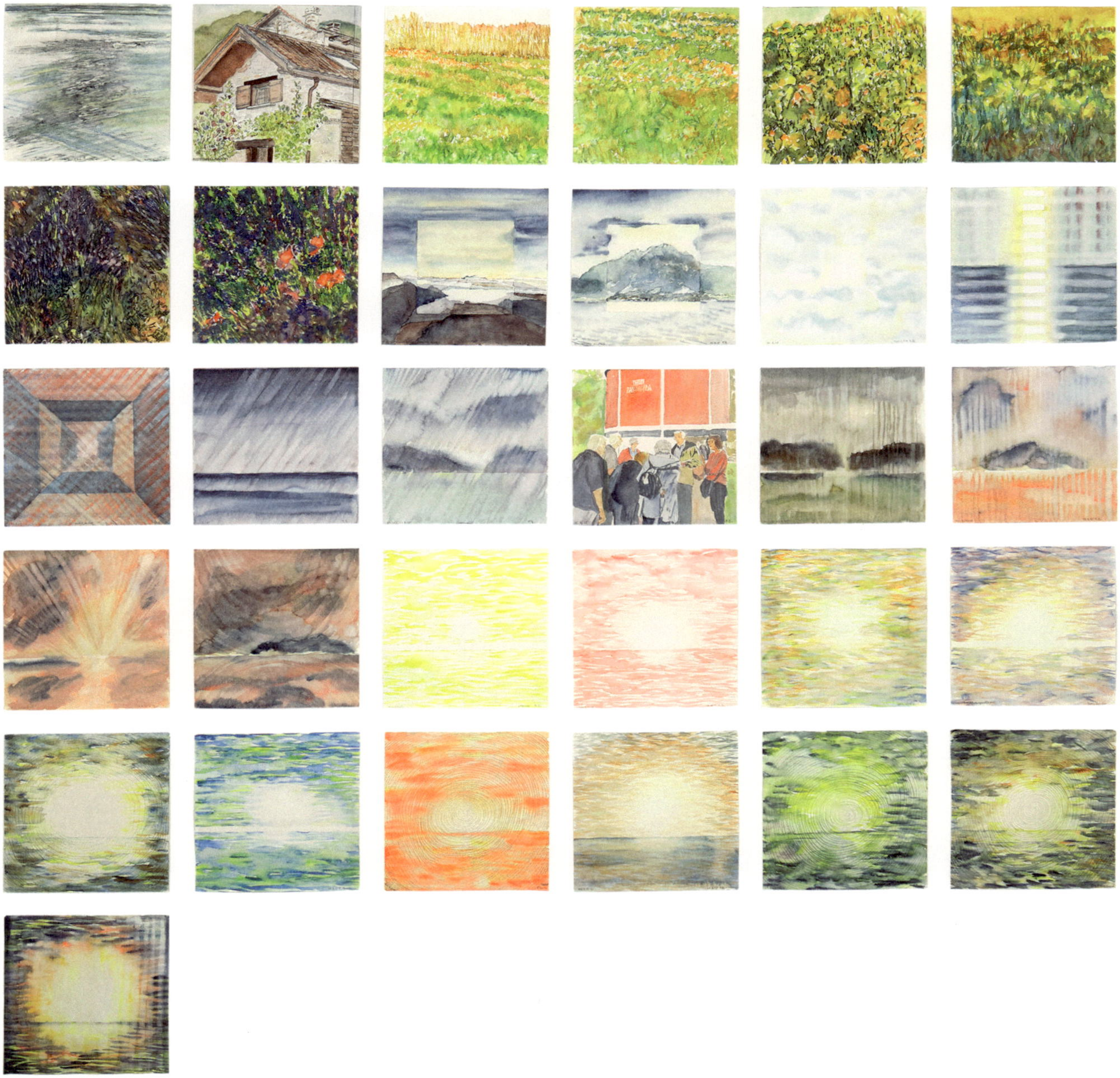

September

23.9.15 F.B.

21.9.15

Nkosi sikelel' iAfrika – Herr, segne Afrika

Mit einem Mal stellt sich die Xhosa-Frau vors flackernde, knackende Camp-Feuer. Sie steht da, unter dem namibischen Sternenhimmel, in ihrer Arbeitsuniform mit blütenweisser Bluse und schwarzem Rock, sagt nichts, beginnt einfach zu singen, singt für uns, wobei ihre Augen in die Weite blicken. Sobald die ersten Worte über ihre Lippen kommen, ist vergessen, dass sie uns kurz zuvor noch als Touristen bedient hat. Jetzt, wo sie dieses Lied singt, ist sie ganz die stolze Bürgerin eines Kontinents, der die Wiege der Menschheit beheimatet. Wir spüren die Kraft ihrer Stimme, die Melodie geht ins Ohr. Dieses ehemalige Kirchenlied – gesungen in den Sanddünen der ältesten Wüste der Erde – ist mehr als eine Hymne. Es ist Ausdruck von Sorge, Stolz, Mut. Und Sehnsucht! Von Sehnsucht nach Frieden und Freiheit. In Sprachen von Ureinwohnern und von Siedlern, die hier vor gar nicht allzu langer Zeit als kriegerische Haufen vorbeizogen: Xhosa, Zulu, Sesotho, Afrikaans, Englisch.

Nkosi sikelel' iAfrika
Maluphakanyisw'
uphondo lwayo,
Yizwa imithandazo yethu,
Nkosi sikelela, thina
lusapho lwayo.

Morena boloka setjhaba
sa heso,
O fedise dintwa le
matshwenyeho,

Herr, segne Afrika
Gepriesen sei dein Ruhm

Erhöre unsere Gebete.
Herr, segne uns, deine Familie.

Herr beschütze dein Volk.

Beende du Kriege und
Zwistigkeiten.

O se boloke, O se boloke
setjhaba sa heso,
Setjhaba sa South Afrika –
South Afrika.

Uit die blou van onse hemel,
Uit die diepte van ons see,
Oor ons ewige gebergtes,
Waar die kranse antwoord
gee,

Sounds the call to come
together,
And united we shall stand,

Let us live and strive for
freedom,
In South Africa our land.

Beschütze du, Herr, dein Volk,

Volk von Südafrika –
Südafrika.

Aus dem Blau unseres Himmels,
Aus der Tiefe unserer See
Über unseren ewigen Bergen
Wo dir Felswände Antwort
geben,

Klingt der Ruf zusammen-
zukommen,
Und zusammen werden wir
stehen.

Lasst uns leben und streben
nach Freiheit,
In Südafrika unserem Land.

Noch wenige Tage zuvor hatten wir Namibia nur aus Reiseprospekten und Erzählungen gekannt. Und immer auch von eindrücklichen Naturfotografien. War es Neugier? Entdeckerdrang. Namibia, das Land für Wünsche, die bislang nur im Unterbewusstsein geschlummert hatten. Namibia, das Land der vielen Adjektive.

Wir planten die grosse Reise, durchwühlten Schubladen und Schränke, verstauten Kleider, Medikamente, Prospekte,

Bücher, Kameras und Kreditkarten in Koffern und Rucksäcken. Wir konnten es beinahe nicht erwarten, das Flugzeug zu besteigen, den Herbst hinter uns zu lassen, über den Äquator dem Frühling entgegenzufliegen, nach ihm zu greifen, an einem Ort, an dem wir zuvor noch nie gewesen waren.

Wie wir auf der Südhalbkugel ankommen, kaufen wir erst einmal Ranger-Hüte. Jetzt sind wir bereit für die Entdeckung einer neuen Welt. Dass sie schon erobert, befriedet und stabilisiert ist, überhören wir. Wir setzen uns in den klimatisierten Bus, fahren zwischen Windhoek und der Namib-Wüste Hunderte von Kilometern über rostig rote oder beigegelbe Sand- und Schotterstrassen. Orte, an denen wir vorüberfahren, verlieren in unserem Gedächtnis vorab ihre Namen. Oft sehen wir stundenlang weder Mensch noch Tier.

Glühende Sonne.
Dürre.
Eine zerfranste Welwitschia.
Geschwärzte Baum-Skelette am Wegrand.

Bisweilen warnen rot gerahmte Verkehrsschilder vor kreuzenden Springböcken. Oder vor Bodenwellen. Einmal muss der Fahrer abrupt bremsen. Eine Herde Rinder, Ziegen und Schafe überquert den Fahrweg, braune, gelbe und schwarze Tiere, einige wild gemustert, alle dürr und zäh. Mit ihnen geht ein Himba-Junge: Den Zopf hat er straff nach hinten geflochten, um die Hüfte ist ein knielanges Tuch gebunden. Er führt die Herde zu einer Baobab-Baumgruppe, wo kniehoch vergilbtes Gras steht.

Verstreut tauchen jetzt graue Lehmhütten auf oder Häuschen aus Wellblech, und auch Menschen begegnen wir wieder. Einmal blockiert ein Eselskarren die Fahrbahn. Der Staub, den unser Fahrzeug aufgewirbelt hat, steht als Wolke in der stillen Luft, und dann dieses kaum hörbare Knirschen zwischen den Zähnen, wenn man aus dem Auto steigt. Wie der Staub sich legt, richten sich alle Kameras auf die Herero-Frau. Ihre Tracht erinnert ans Viktorianische Zeitalter: der flache gehörnte Kopfputz, das ausladende mit bunten Blumenmustern bedruckte Kleid und diese eigenartigen Puffärmel. Die Frau scheint mit uns gerechnet zu haben, selbst ihre Kinder wissen, was Touristen wollen. Wenn sie ihren Lohn – ein paar Münzen, Biskuits und Bonbons – entgegennehmen, radebrechen sie ihr gut geübtes «Thank you very much».

Die Bewohner dieser Gegenden leben, um fürs Weiterleben zu sorgen. Für uns aber ist der Überschuss das Wesentliche: der Luxus, den wir ersehnen und den wir uns auch leisten. Augenscheinlich wird dies eine Stunde später, als Lukas uns in Empfang nimmt. Lukas ist ein fast zierlicher Schwarzer in einem sauberen weissen Hemd, die Sonnenbrille hat er in den Kragenausschnitt gesteckt, seine Jeans sind etwas zu weit, der Hut aus Canvas billig und die vom Sand verfärbten Turnschuhe abgetragen. Als er uns auffordert, in seinen Toyota-Safari-Cruiser einzusteigen, grinst er. Mir fällt auf, wie weiss seine Zähne sind.

Holpernd, wippend, immer auf der Suche nach der Spur im Sand, kraxelt das offene Fahrzeug den Trail hoch. Hinauf zu einer 250 Meter hohen, gewaltigen Wanderdüne aus leuchtend rotem Sand. Eine Einöde mit einzigartigem Farbenreichtum. Und in dieser Einöde taucht dann ganz plötzlich eine Lodge vor uns auf: Wolwedans. Ein Camp, in dem schwarze Hotelfachangestellte weissen Gästen jeden nur denkbaren Komfort bieten:

*Zelt-Chalets auf sicherer Holzplattform.
Segeltuchrollos, die den Panoramablick
in alle Richtungen freigeben.
Standard bathroom mit von Solarenergie
erwärmtem Wasser fürs Duschen.
Hauseigener Swimmingpool zur Erfrischung
an heissen Wüstentagen.
Lounge, Bar, Sundowner-Terrasse und offene Feuerstelle.
Wholesome and sophisticated bush-cuisine.*

*

In deiner Jugendzeit war im Dorf, in dem du aufwuchst, noch jedes Zusammentreffen mit Schwarzen eine Sensation. Abgesehen von Missionaren kam kaum jemand auf die Idee, aus Schwarzafrika zurückzukehren, um über das Leben dort leidenschaftliche Vorträge zu halten. Du erinnerst dich, dass ein Missionar Schwarze im Saal der Dorfbeiz wie Schaubudenfiguren vorführte. Dein Verlangen, mehr über Schwarze zu erfahren, stilltest du in Büchern. Lesend trafst du Karl Mays riesigen, breitschultrigen aber gutmütigen Masser Bob, der ständig vom Pferd rutschte und so zum Gespött der Weissen wurde. Später dann – schon etwas wirklichkeitsnäher – Harriet Beecher Stows Onkel Tom: Diesen herzensguten, edlen Sklaven aus Kentucky, der als Christ und Märtyrer seinen Peinigern noch im Sterben verzeiht. Schwarze waren für dich gute, aber immer auch arme, geplagte Menschen. Dieses Bild haben euch Kindern schon früh auch Klosterfrauen vermittelt, wenn sie mit dem nickenden «Negerlein» Geld für die Mission sammelten.

*

Das Essen aus der Busch-Küche war üppig, der afrikanische Wein schwer. Wie ich durch den tiefen Sand zum Zelt-Bungalow wate, dringen von der Bar noch immer Stimmen und Gelächter in die Nacht. Mir ist, als hafteten, als wurzelten meine Füsse im Wüstenboden. Im Ohr habe ich die Melodie der Südafrika-Hymne, die Noxolo gesungen hat, im Sinn die verklungenen Worte. Der Name Noxolo ist in Xhosa und bedeutet Frieden. Kann man über Namen und Lieder Sehnsucht – die tiefe Sehnsucht eines Mandela – weitergeben?

Ich öffne das Segeltuchrollo des Zelts, suche am Himmel das Kreuz des Südens, doch es scheint in der Sternenflut ertrunken zu sein. Die Nacht umfängt mich mit dem schwarzen Mantel, und da tauchen sie wieder auf, die Hymnen an die Nacht, die uns Bruder Thomas, der Engelberger Kloster-Bibliothekar, zu Beginn unserer Suche mit auf den Weg gegeben hatte:

*Dunkle Macht?
Was hältst du
Unter deinem Mantel
Das mir unsichtbar kräftig
An die Seele geht? (…)
In süsser Trunkenheit
Entfaltest du die schweren Flügel des Gemüts.*

Soll ich eine Kerze anzünden und der Nachtschwärze ein Ende bereiten? Oder will ich dem Nachtgespenst trotzen?

Ich schaue aus diesem weit offenen Zelt in den Himmel und versuche, die abtauchenden Sternschnuppen zu zählen. Es sind unzählige. Mit der Zeit gewöhne ich mich daran zu schauen, wo ich nicht klar sehen kann.

Ganz unvermutet gewahre ich die Oryx-Antilopen. Durch ihre schwarzweissen Masken starren sie mich an, stumm und bewegungslos malen sie ihr eigenes Bild in die Nacht, zum Greifen nah.

Aus der Lodge-Bibliothek habe ich ein südafrikanisches Fabelbuch mit ins Zimmer genommen. Darin steht:

Der Oryx, dieses schmucke Tier,
das dient im Heer als Offizier,
weil es zwei Säbel unentwegt
auf seinem Kopfe bei sich trägt.

Nicht die Offiziere sind es, die Lukas uns am andern Morgen zeigen will. Nicht die grossen Tiere, die man hier «The Big Five» nennt. Lukas führt uns in seine Wüste, die zu den ödesten und kargsten auf der Erdkugel zählt. Unter den Rädern des Geländefahrzeugs scheint die Gegend tot und leer. Doch Lukas lässt sie uns durch seine Augen anschauen, und da geschieht etwas Seltsames: Die erstarrte Hügellandschaft, die auf den ersten Blick aus nichts als Sand besteht, wird zum weit aufgeschlagenen Bilderbuch. Lukas führt uns vor Augen, wie die Wüste lebt. Meter für Meter.

Die Farbtöne abgestuft: Vom zarten Rosa, dem intensiven Rostrot, hellem Orange über verschiedene Gelbtöne hin zu allen nur möglichen Nuancen von Braun.

Da und dort ein Kameldornbaum, der schwermütig aufsteigt und Tieren zaghaft Schatten spendet.
Die Dünen mit den messerscharfen Konturen.
Überall Spuren und Musterungen. In den Sand gezeichnet wie von Geisterhand.
Ich werde mitgerissen von der Wucht der Landschaft.

«Die Wüste redet zu mir», sagt Lukas. «Buschmänner können jeden noch so kleinen Hinweis im Sand deuten. Jede Spur ist für sie eine Botschaft.» Nun macht er ein paar Schritte auf einen Dünenhügel zu, bleibt stehen und fordert uns auf, genau hinzuschauen. Wir können da nichts Auffälliges entdecken. Lukas zeigt auf einen winzig kleinen Trichter, nicht einmal fingernagelgross ist er. Jetzt bückt er sich und beginnt mit beiden Händen zu graben, ganz sorgfältig. Ständig rutscht Sand nach, immer tiefer gräbt er, und plötzlich zappelt etwas in seiner Hand: eine grosse, weisse, haarlose Spinne. «Dieses Tier heisst Dancing White Lady», sagt Lukas und lacht über das ganze Gesicht, als er unsere Verblüffung sieht.

Wie er nun zu erzählen beginnt, fliesst sein Englisch: «Der Name kommt aus Zeiten der Kolonialherrschaft. Eine feine, weisse Dame ist auf einer Gesellschaft. Mit einem Mal entdeckt sie eine Spinne, die an ihrem Bein hochkrabbelt. Da beginnt die Dame wild zu tanzen». Solch kleine Kreaturen der Wüste seien ebenso faszinierend wie die grossen, ist Lukas überzeugt. «Weibchen und Männchen dieser Spinne klopfen mit den vorderen Beinen auf den Sand. So nehmen sie miteinander Kontakt auf. In einer einzigen Nacht können Männchen mehr als einen Kilometer laufen, um ein Weibchen zu erreichen». Und wieder lässt Lukas schelmisch seine weissen Zähne blitzen, als er beifügt: «Das Männchen muss auf der Hut sein. Wenn das Weibchen sein Klopfen nicht mag, greift es an und dann … .»

Beiläufig erwähnt Lukas auch den lateinischen Namen der Spinne: Leucorchestris arenicola. Wir staunen und erfahren dann, dass die Familie von Lukas in einem Dorf im Norden Namibias lebt. Als Kind durfte er die Grundschule besuchen. Sein Lerneifer fiel auf. Sein Wissensdurst war gross. Man schickte ihn in die Hauptstadt Windhoek. Dort wohnte er in einem Schülerheim und begann Biologie zu studieren. Seit einigen Jahren arbeitet Lukas in Wolwedans.

Er fährt im Geländewagen Touristen durch den Sand. Immer wieder. Und er lehrt sie alle – zwischen Sonnenaufgang und Sonnenuntergang – das verborgene Leben in der Wüste zu sehen.

Erst als wir wieder zurückfliegen – nachts in Stunden ohne Schlaf über einen schwarzen Kontinent – werden die Erlebnisse zu Erinnerungen. Und da ist es nicht die rote Kugel der Sonne über der Wüste, die zuerst auftaucht. Nicht einmal die Elefanten und Löwen in der Etosha sind es. Was sich eingeprägt hat, sind die Botschaften, die Lukas und Noxolo uns vermittelt haben. Sind die Stimmen aus einem neuen Afrika voll Optimismus. Aus einem Afrika, das sicher nicht auf uns zu warten brauchte.

Wolwedans, NamibRand Nature Reserve,
September 2015

Jak 4,7-10   30.9.15 FB

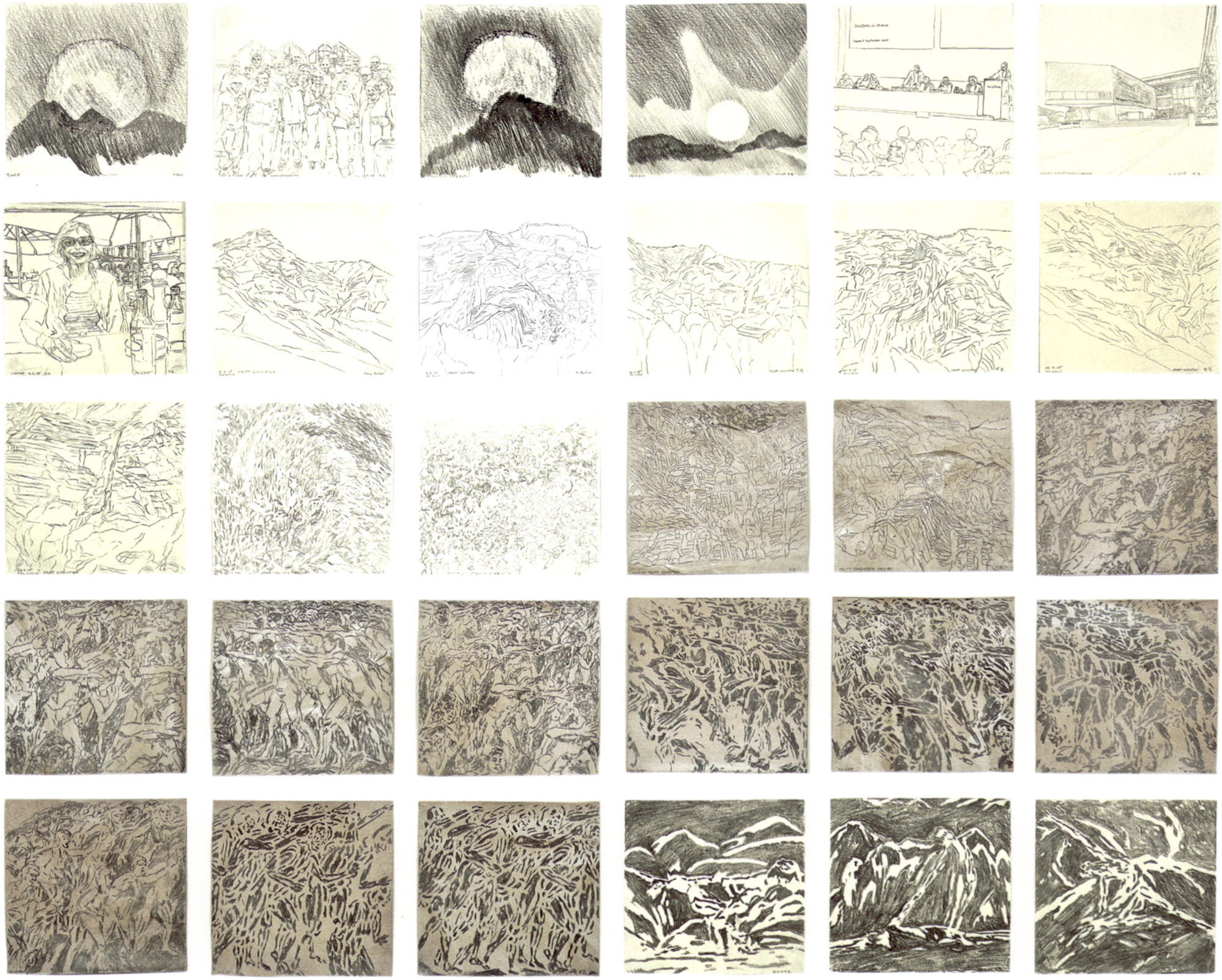

Oktober

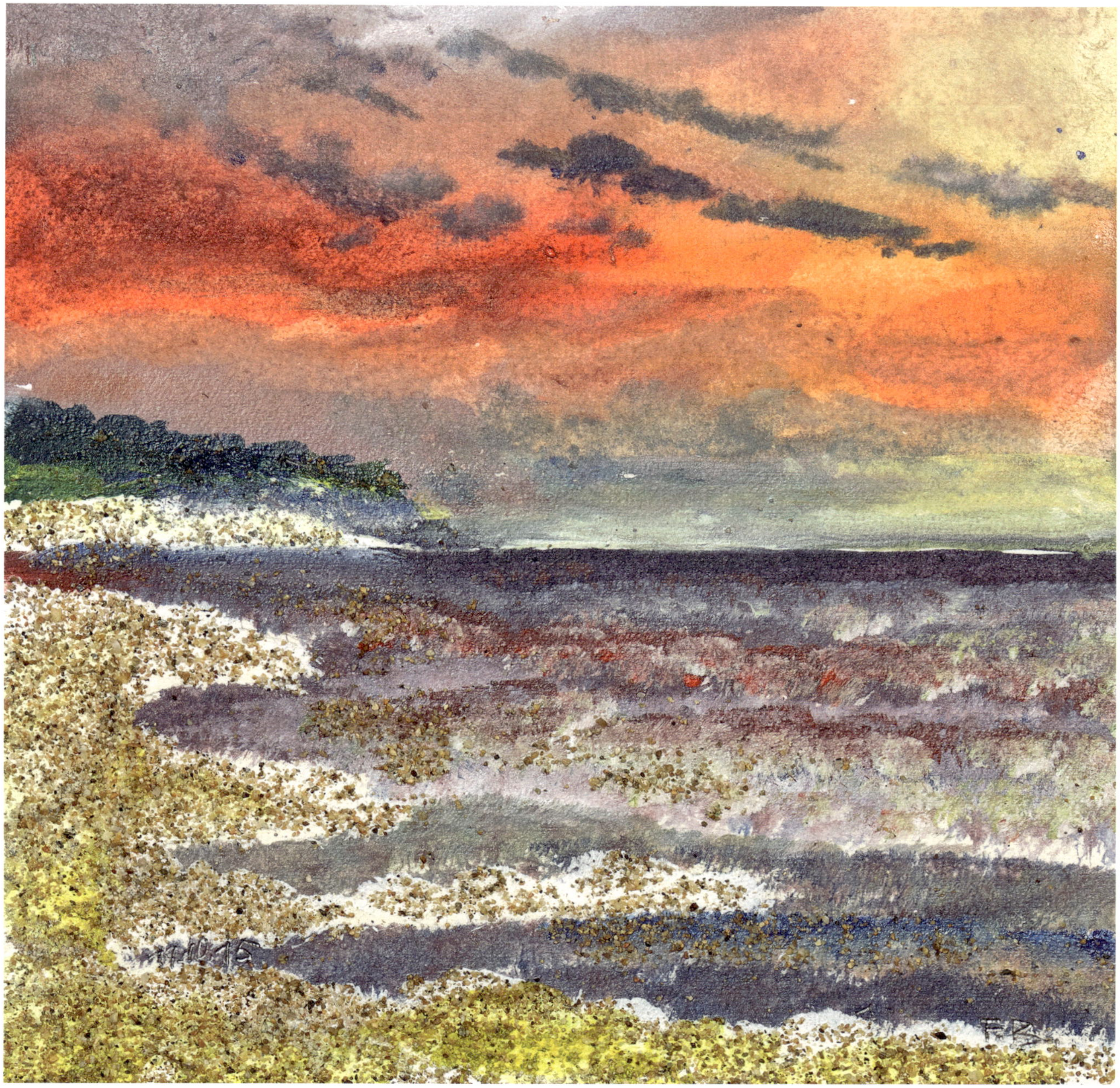

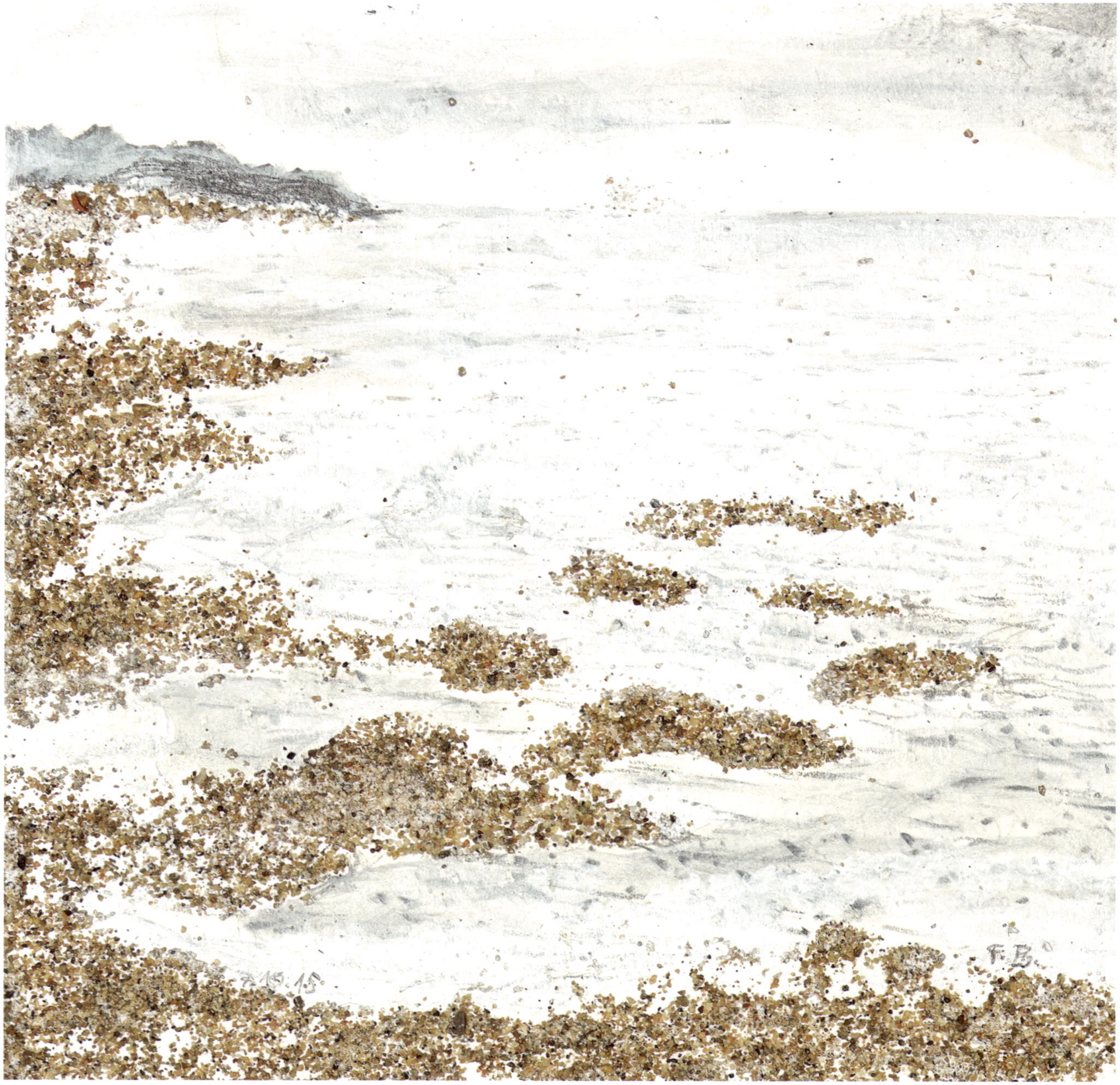
2.10.15
F.B.

Der Geruch nach Arvenholz

Manchmal ist mir, als sei ich selber ein Pilz. Dann stelle ich mir vor, wie es wäre, wenn ich ans Licht gelangen möchte, nach langem, sehnlichem Warten in der Tiefe der Erde, und wie ich einfach nicht kann, weil es im Sommer und Frühherbst zu trocken geblieben ist. Ich stosse gegen die von der Sonne gehärtete, oberste Erdschicht und fühle, wie mir jede Kraft fehlt, sie zu durchbrechen. Und ich weiss, dass ich warten muss.

In Geduld üben muss sich dieses Jahr auch der leidenschaftliche Sucher und Sammler, der ich bin. Zwar empfinde ich seit Tagen und Wochen grosse Lust, in die Wälder zu gehen. Zu suchen. Zu sammeln. Doch ich weiss zu gut, dass im Moment jede Mühe umsonst wäre. In solchen Zeiten rede ich über das Warten so, als wäre es von Vornherein einkalkuliert: Über das Warten auf den neuen Mond, bei dem – wie die Alten berichten – Pilze nur so aus dem Boden schiessen. Über das Warten auf wundersame Waldfeen und Holzfräuleins oder auf Blitz und Donner. Und dieses Jahr, immer und immer wieder, über das Warten auf den ersten ergiebigen Herbstregen, der den Boden aufweicht.

Wie er dann endlich einsetzt, der vielversprechende Regen, an diesem Tag im Oktober, verbreitet sich in unserer Engadiner Ferienwohnung der Geruch nach Arvenholz. Nichts weckt in mir die brennende Sehnsucht, in die Bergwälder einzudringen und nach ihren verborgenen Früchten zu suchen, so sehr, wie dieser würzige Holzgeruch. Ist das Wetter kühl und nass, ist er besonders intensiv, und habe ich ihn einmal in der Nase, weiss ich, dass das Warten ein Ende hat.

In der Nacht prasseln grosse Tropfen aufs Dachfenster, unaufhaltsam und rhythmisch. Für mich sind es Trommelsignale aus den Wäldern. Meine Träumer-Augen erblicken Hunderte Pilze: alle hellwach und bereit für den lange ersehnten Moment. Mit einer weder sicht- noch hörbaren Explosionskraft durchstossen sie den Erdmantel aus Nadeln und Blättern, um aus ihrem Schattendasein hervorzutreten. Sie erscheinen an verborgenen Plätzen, gruppieren sich zu farbigen Hexenringen. Stämmig und fleischig stehen sie da. Hässlich oder schön, gewölbt, keulenförmig, warzig, plump, flockig, mit Sporen, Scheiden und Lamellen, rabenschwarz, blütenweiss und auch mit leuchtenden Farben. Und wie ich diesen schönen Traum träume – immer weiterträumen möchte – ist mir, als tauchte ich ein in jene verzauberte Welt, die auch der schwäbische Dichter Hellmut von Cube Recht kennt. Wie sons könnte er schreiben:

Heimlich neige auch ich noch zu der Vermutung, es gingen nachts Waldgeister um und lockten die Pilze mit Sprüchen und Zeichen aus dem feuchten Humus hervor.

Am nächsten Morgen dann – eingehüllt in schwarze Pelerinen und Jacken – steigen wir ein in die riesigen Wälder zwischen Zernez und S'chanf. Im nebligen Grau liegen sie vor uns, scheinbar grenzenlos.

Nach und nach verzieht sich der Regen, der Himmel klart auf, Sonnenstrahlen durchdringen das Wipfeldach. Hier ist es dicht, aber schon dort, nur eine kleine Wegstrecke weiter, schütter und durchlässig. Einfallendes Licht wird von Ästen mehrfach gebrochen und wirft wundervolle Stimmungen und Muster auf den Waldboden. Wie gross doch der Unterschied ist zu den Wäldern des Unterlands mit ihren sauber rasierten und gekämmten Laubbäumen! Hier hat die Landschaft etwas Unwirkliches, etwas Magisches. Man wähnt sich in einem Märchenwald.

Arven-Riesen tragen lange Bärte aus Flechten.
Wurzelstöcke drohen mit Fangarmen und Krallen.
Lärchen erhalten von der Waldfee
ein goldgelbes Nadelkleid.

In diesem Märchenwald suchen wir nach freundlichen Waldmännlein, die ihre Geheimnisse sorgsam zu hüten wissen. Nach Pilzen und Schwämmen, die sich der Entzauberung durch die Wissenschaft noch immer entziehen.

Etwas allerdings weiss der Sucher gewiss: am Wanderweg findet er die schönen Pilze nicht. Wir kommen ihnen entgegen, Busch um Busch, Baum um Baum. Wir überqueren Rinnsale, die der Regen über Nacht hat entstehen lassen, gehen hinauf und hinunter, über ockerfarbenes Gras am Boden und durch Dickicht. Über uns in den Bäumen schallen die perkussiven Töne: das Trommeln eines Spechtes, das heisere Lachen eines Tannenhähers, das Vibrieren, Knarren, Knacken, Ächzen von Ästen, wenn der Wind sie wie ein Xylophon bespielt. Unsere hellwachen Sinne aber sind auf den Boden gerichtet. Wir gehen langsam. Wir bleiben oft stehen. Wir gucken auch zwei Mal hin. Wo Augen versagen, muss die Nase helfen: Pilze müsse man wittern, sagen die Alten. Wir balancieren über Stämme. Wir laufen über sonnenwarmes Flattergras, vorbei an Hirschsuhlen und Bergbächen. Durch den Wald. Über Geröllhalden. Bis hinauf zu letzten Bäumen. Die Pilze tarnen sich am Boden. Wir robben und kriechen. Immer wieder narren uns Blätter, Wurzeln oder Äste,

Das Suchen erregt. Manchmal wünsche ich mir, dass es immer dauern möge. Beim Durchkämmen der Wälder, beim Herumstochern und Spähen befreien sich meine Gedanken von jeder Vernunft:

Ich verfalle in einen Rausch.
Der Puls schlägt schneller.
Das Herz pocht hörbar.

Und wenn der Sucher, mitten im Waldheu oder auf einem samtigen Moosteppich, endlich die Leuchtendgelben, die Schwämmchen entdeckt und dann eines nach dem andern sachte aus dem Boden zupft, ist er verwundert. Dabei hat er doch keinen andern Augenblick so sehr erwartet wie eben diesen, in dem er zum Sammler wird.

Die Suche ist das Erlebnis… das Sammeln die ernüchternde Genugtuung.

*

Als du beschlossest, Sucher und Sammler zu werden, damals, gab dir ein alter Mann mit der Erfahrung vieler Pilzjahre einen Rat. Am Anfang, so sagte er, solle man nur für einen Pilz Augen haben. Und da sei denn kein anderer geeigneter als der orange-rot leuchtende Blut-Reizker. Ein köstlicher, ein ergötzlicher Pilz. Und selbst für Anfänger leicht zu erkennen!

Du nahmst die Witterung des Pilzes auf, begannst ihn zu suchen. Unter Tannen und im Buchenwald. Wenn er auftauchte, dann reichlich. Oft hieltst du den blutig perlenden, quellenden Pilz vor die Nase, um ihn zu beschnuppern.

Später, als dir Frau und Kinder beim Suchen halfen, kamt ihr dem zweiten Namen des Reizkers auf die Spur. Der «Brätling», wie er auch heisst, behielt in der Pfanne seinen unverwechselbaren Eigengeschmack. Zwiebelringe und Speckwürfel, so willkommen sie waren, hatten sich seinem Diktat zu beugen. Der Pilz brachte den Wald in die Küche.

Doch mit der Zeit genügte dieser Zauber nicht mehr. Jetzt zog es dich bergwärts in Wälder, die du nicht kanntest. Das Suchen wurde zum Abenteuer.

An einem Tag im Oktober 1990 standest du vor deinem ersten Steinpilz. Es war im «Merliwald». Nein, im «Hirzenbad». Oder wohl doch eher im «Bärengraben»? Auf Fragen nach Pilzplätzen bleibt kein Pilzsammler gerne bei der Wahrheit. Selbst in deinem Pilztagebuch sind die Fundorte mit Geheimzeichen getarnt.

Auf jeden Fall hattest du diesen Pilz der Herrenklasse, den sogar der Lateiner boletus edulis getauft hat, an einer Stelle entdeckt, wo du niemals zuvor gewesen warst. Ja, du wusstest mit einem Mal nicht mehr, wo du dich befandest. Du starrtest auf deinen Fund, warst hingerissen, die Faszination, die von diesem edlen Pilz ausging, war für dich neu und ungewohnt. Wie er im Herbstwald dastand! Als wäre er eben aus einem Pilz-Almanach ausgebrochen:

Kerzengerade gewachsen.
Auf kastanienbraunem, kugeligem Hut Tautröpfchen.
Bauchig der Stiel, mit feinadrigem Netzmuster.
Pelzigweiss die Röhren.
Von keiner Schnecke angefressen, von keinen Maden oder Würmern versehrt.

Fast andächtig knietest du vor diesem Edelpilz nieder. Du beäugtest ihn minutenlang, genossest sein feines, wildes Bukett. Und als du endlich sachte nach ihm zu greifen wagtest, dieses überwältigende Erleben: wie fest er war, wie hart, eher Stein als Schwamm. Sorgsam – so wie der alte Mann dich gelehrt hatte – drehtest du den Pilz aus der Erde. Was du in der Hand trugst, war mehr als ein Pilz. Ein Edelwild. Eine Trophäe.

Wie du schliesslich den Weg aus dem Wald wieder gefunden hattest, weisst du dich nicht mehr. Dafür, wie sich die ganze Familie freute, wie ihr den Pilz in hauchdünne weisse Scheiben schnittet, diese an dünnen Zwirnfäden über dem Ofen aufhängtet. Auch wie die Scheiben dürr und runzlig wurden, wie sie streng zu riechen begannen. Und wie ihr dann – einen ganzen Winter hindurch – sparsam, ja fast geizig, Stücklein um Stücklein Saucen und Suppen beigabt. Wenn er auf dem Teller lag, war es eher ein Kosten als ein Essen.

Auch später, wenn du Steinpilze korbweise heimtrugst, vergassest du deinen ersten Steinpilz nie.

*

Heute, an diesem Tag nach dem Regen, pflücken und ernten wir lange und viel. Der Korb füllt sich: Zu Eierschwämmchen kommen Lärchenröhrlinge und auch der eine oder andere Herrenpilz. Wir schauen nicht auf die Uhr, bis ein kühler Fallwind uns daran erinnert, dass die Abende jetzt früher kommen, dass es Zeit wird für den Rückweg ins Tal.

Schon hören wir wieder das Brausen des Zuges, das Rauschen und Röhren von Autos und Motorrädern auf der Strasse: Da geschieht noch ein Waldwunder. Im dämmrigen Licht hebt sich, ganz allein und beherrschend, ein hochgewachsener Pilz vom Boden ab. Auf einem langen, schlanken Fuss steht er da, sein geschuppter Hut ist flach und gross. Wie ein Teller ... oder ist es eher ein Schirm? Riesenschirmling oder Parasol jedenfalls lautet sein Name. Wie ich ihn so sehe, auf der Kuppe am Ende des Waldes, muss ich unwillkürlich an einen kapitalen Platzhirsch denken. Und beim Gedanken an sein zartes Pilzfleisch läuft mir das Wasser im Mund zusammen.

Zuhause entfernen wir behutsam Erde, Sand, Grasreste oder Fichtennadeln von den Pilzen. Die Steinpilze, die wir in Streifen schneiden und auf den Dörrofen legen, riechen vorerst wie gegerbtes Leder. Der Essig, in den wir Eierschwämmchen einlegen, sticht scharf und sauer in die Nase.

Später – es nachtet schon ein, und der Wind beginnt wieder an den Jalousien zu rütteln – sitzen wir um den Tisch. Ein wunderbar aromatischer Duft erfüllt den Raum. Er erreicht jede Ecke. Steigt auf bis zur Zimmerdecke und tritt in Einklang mit dem Geruch vom Arvenholz. Eine seltsame Harmonie von Daheimsein und Genuss. Es ist der Duft des Parasol, paniert mit Semmelbrösel, in der Pfanne wie ein Wiener Schnitzel angebraten, mit Salz, Pfeffer, Paprikapulver, Knoblauch und Zitrone gewürzt. Sein Geschmack ist delikat, sein Pilzfleisch köstlicher und zarter als wirkliches Fleisch. Wenn es einen Märchenpilz gibt, dann ist er es.

Zernez,
Oktober 2015

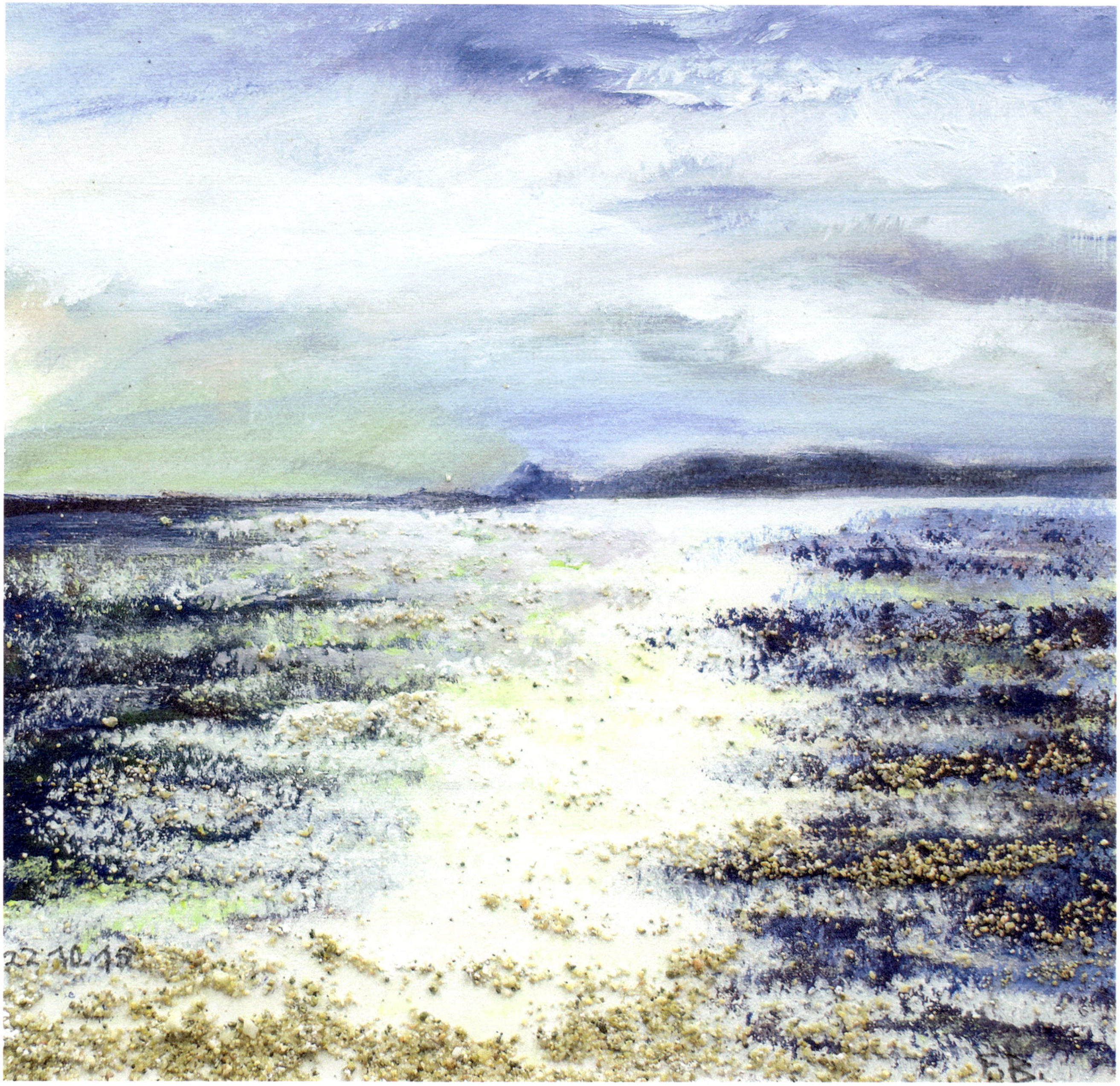

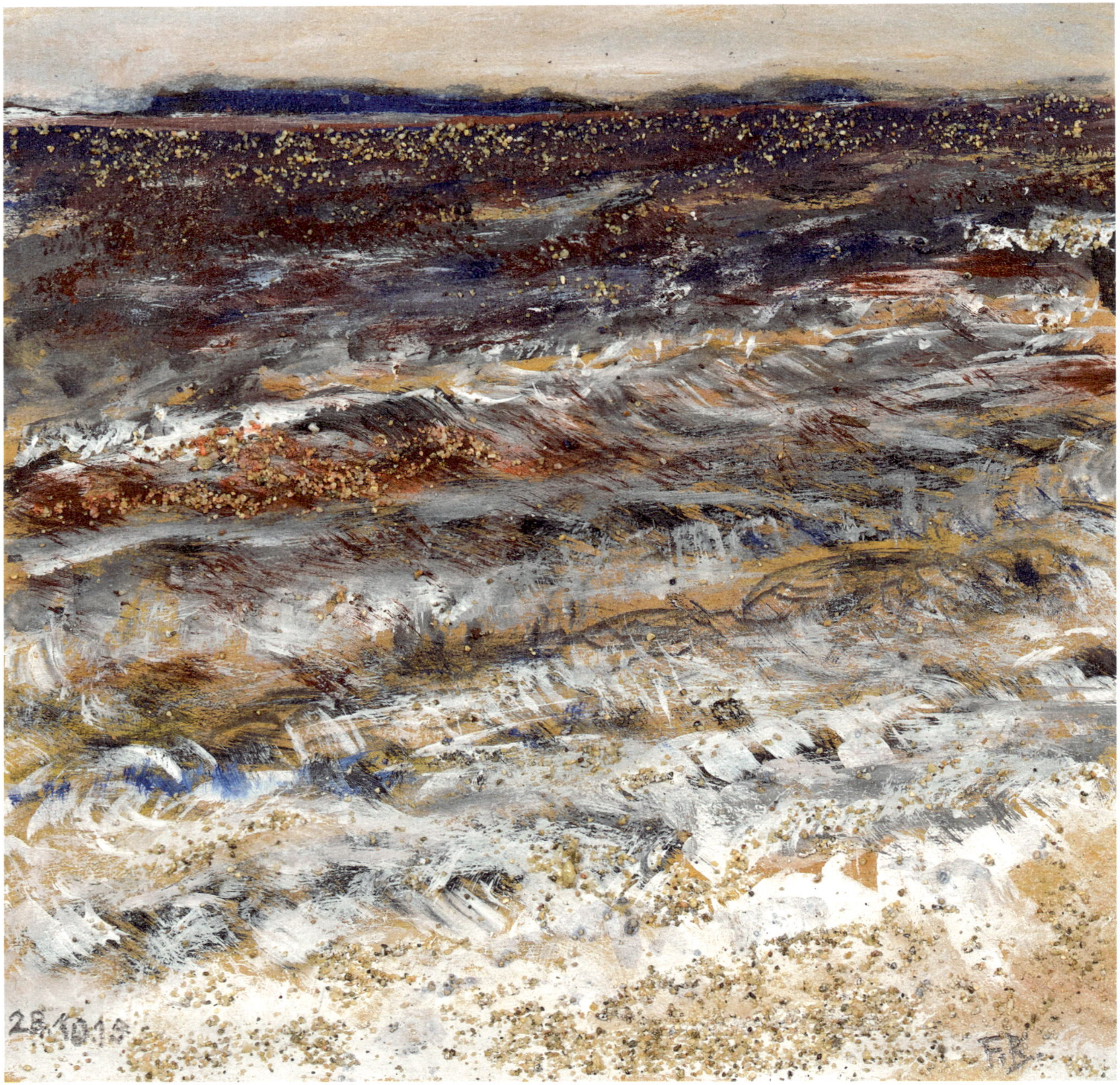

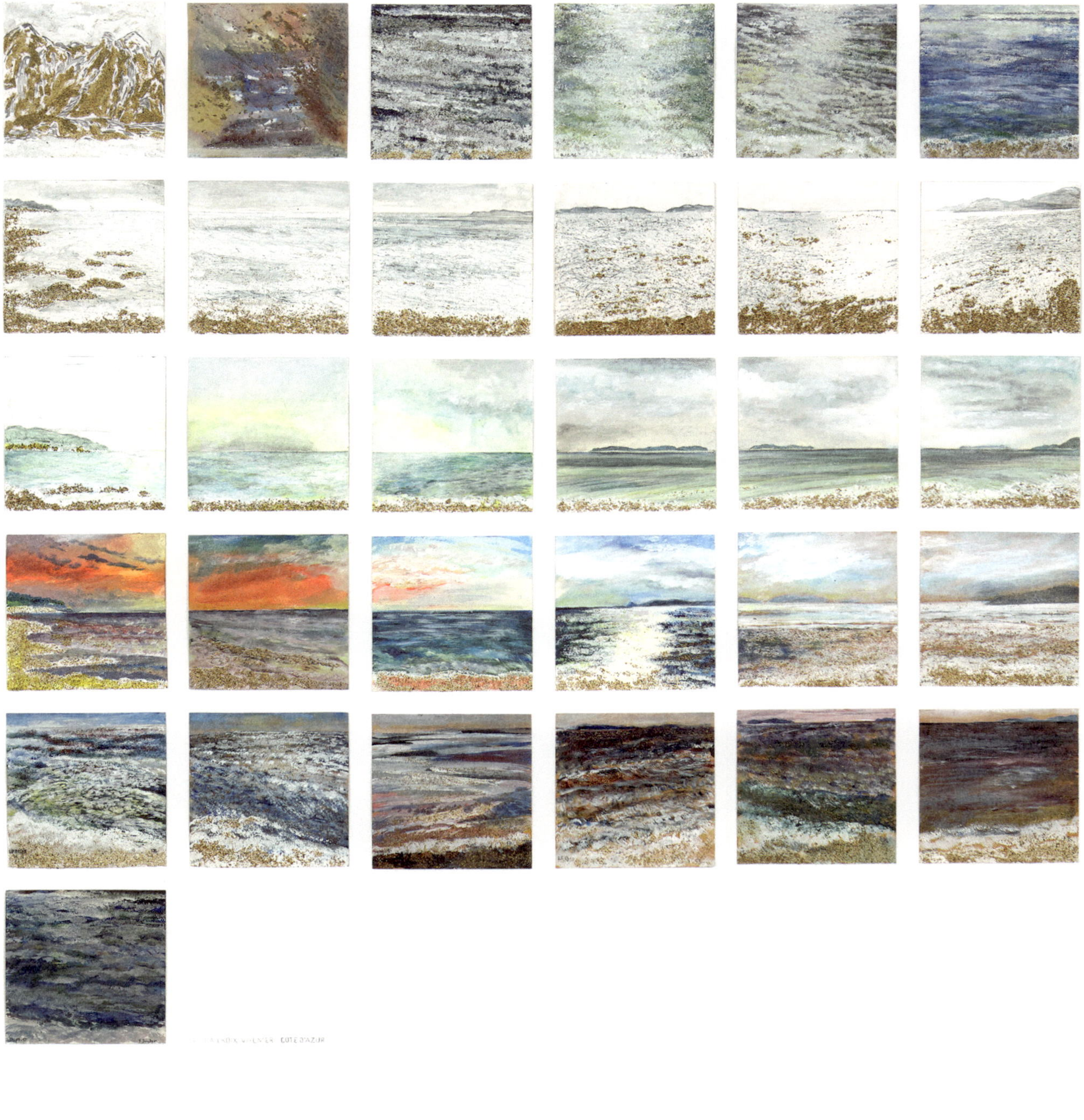

November

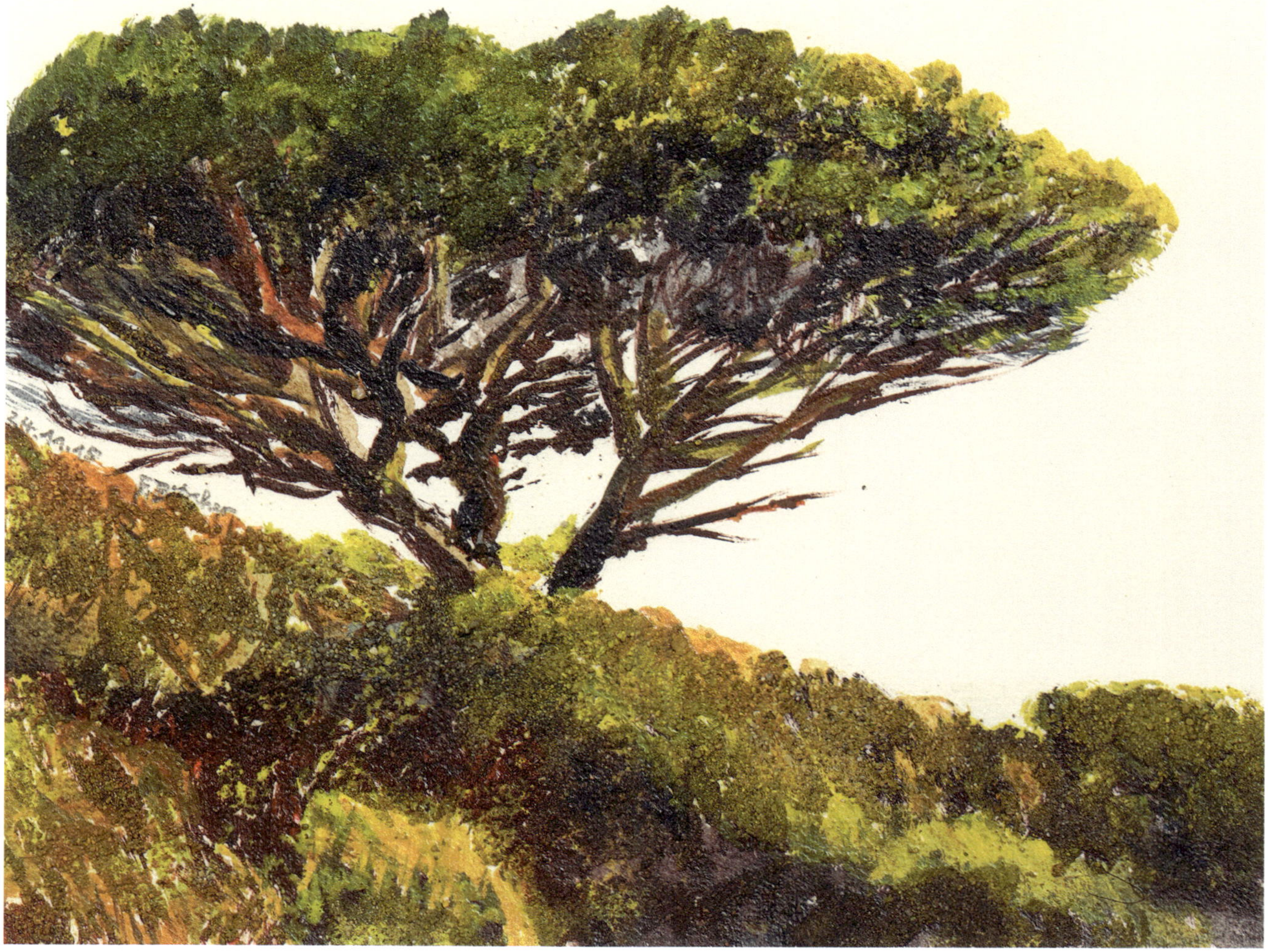

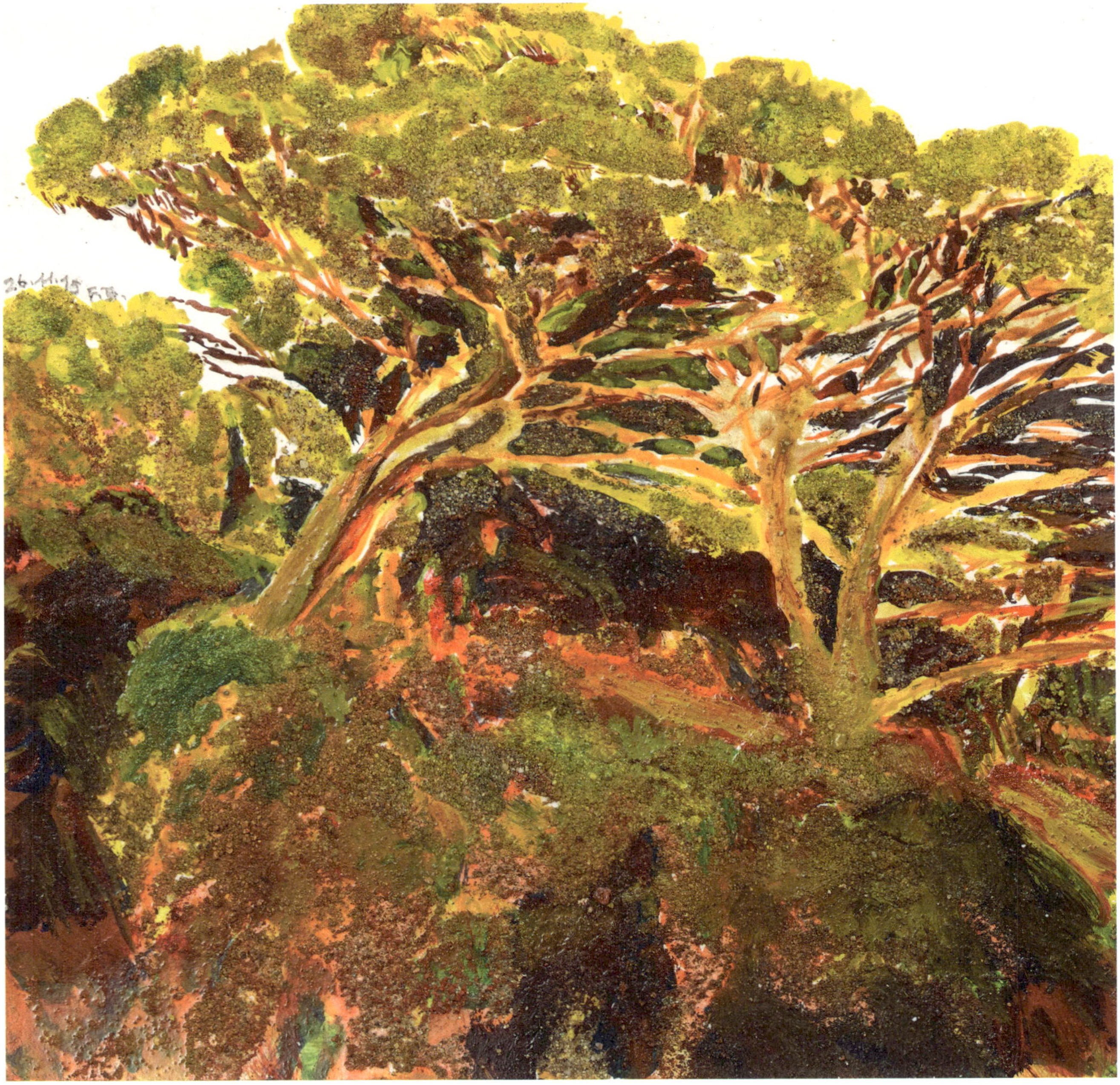
26.11.15

Und das ewige Licht

Thuja bedeutet Lebensbaum. Auf dem Kernser Friedhof trennen Lebensbäume Grabfelder. Ineinander und aneinander gewachsen stehen sie da. Thuja riechen streng nach Friedhof. Im Spätherbst nimmt ihr Gezweig dieses staubig schmutzige Grün an, da und dort scheinen in den Hecken auch rostbraune, faulige Blätterflecken auf.

Abgesehen davon aber ist an diesem Allerheiligen-Sonntag auf dem weiten Gräberfeld, das meine Grossmutter lieber «Gotts-Acher» genannt hat, alles aufs Leben ausgerichtet. Mir scheint fast, als würde heute die uralte Bitte aus der Totenmesse erhört: Lux aeterna luceat eis – und das ewige Licht leuchte ihnen:

Über dem weiten Gräberfeld das Stanserhorn
im blauen Dunst des Himmels.
Der Farbenreichtum von Pflanzen und Kranzschmuck
in goldigem Herbstlicht.
Vom Kirchturm Glockengeläut,
das jedes Schweigen übertönt.
In Steine gemeisselt tröstende Worte und Bibelsprüche:
«Du lebst in unseren Herzen.» «Auferstehung ist unser
Glaube.» «Ich bin das Licht der Welt.»
Grabengel mit Flöten, Posaunen und Harfen,
ein ganzes Orchester.
Kleine Lichter mit Kerzen, die kein
Windstoss auslöschen kann.
Und schaut man genau zur Kapelle hin, breitet Jesus die
Arme aus und heisst auch dich willkommen.

Es ist schön. Nicht schön im üblichen Sinn, sondern schön, wie es auf einem Friedhof schön sein kann. Bevor der «Wintermanet» beginnt, werden die Gräber abgeräumt und mit Pflanzen neu geschmückt. Das ist so Brauch hier. An Allerheiligen dann, am Tag, an dem man Tote besucht – kommen die Leute von weit her. Sie stehen vor den Grabsteinen, ihre Worte sind leise, geflüstert nur, um die Ruhe nicht zu stören. Mit der Zeit aber schwillt auch Flüstern an, es wird zu einem Rauschen, das einen einhüllt wie ein Schwarm Insekten. Erst wenn der Pfarrer und die Ministranten kommen, ihr goldenes Kreuz der Hoffnung und Erlösung eine Gräberreihe nach der andern entlang tragen, verstummen die Stimmen.

Das Wort ist jetzt beim Pfarrer und der spricht mit Gott. «Herr, gib ihnen die ewige Ruhe …», sagt er, und die Ministranten antworten: «…und das ewige Licht leuchte ihnen.» Das Mikrofon verstärkt die Worte. Weit über den Friedhof hallen sie. Bis hinauf in den blauen Himmel soll man sie hören.

*

«Und das ewige Licht leuchte ihm …», betete die alte Frau in der Ecke der Bauernstube. Betete und betete. Laut wie eine Leier. Eins übers andere Mal. Gebannt starrtest du auf sie.

An jenem Tag hatte dir die Grossmutter zuhause das Jäcklein angezogen, dich an der Hand genommen und die Strasse hinunter zum Heimet des Breiten-Franz geführt. Im Bauernhaus, wo sonst munteres Treiben herrschte, war es unheimlich still. Alle Fensterläden waren geschlossen, die Sonne durfte nicht in die Stube scheinen. Auch roch es nicht nach gedörrten Schnitzen, dafür verströmten Kerzen einen schweren, süsslichen Duft. Das müsse wohl dieses «Ewige

Licht» sein, dachtest du. Im Zimmer standen viele Leute. Alle nickten sie Grossmutter wortlos zu. Und dann sahst auch du zwischen den Leuten hindurch Vetter Franz. Er lag auf seinem Bett. Neben ihm viele Blumen. Er hatte kein Pfeifchen im Mund. Wollte einfach nichts zu dir sagen. Seine Lippen waren starr, seine Hände bewegungslos. Gefaltet, als ob er beten würde. Aber er betete nicht. Nur die Frau betete: ein «Gegrüsst seist du Maria» nach dem andern. Es sei eine Dreissigstbeterin, erklärte dir Grossmutter, als du danach fragtest.

Dieses trostlos monotone Beten, die raunenden Stimmen der Leute und der seltsame Geruch im Totenzimmer verfolgten dich in deinen Träumen. Nie hattest du begreifen können, wenn Leute von einem Toten sagten, er sehe friedlich aus. Er lächle. Es sei ja, als würde er nur schlafen.

Viele Jahre später, als Grossmutter, als der Vater und zuletzt auch deine Mutter in der Friedhofkapelle aufgebahrt waren, wolltest du nicht einmal mehr durch das kleine Sargfensterchen in ihre bleichen Gesichter schauen.

*

Wenn man beim Besuch auf dem Friedhof die Toten bloss nochmals fragen könnte, was man sie zu Lebzeiten nicht gefragt hat:

Die Grossmutter: Was sie vor dem Grossen Krieg in Kairo, als Kindermädchen bei den noblen englischen Herrschaften erlebt hatte?

Den Vater: Weshalb er über die schlimmen Jahre, als er bei einem Bauer im Maggiatal Verdingbub war, nie erzählen wollte?

Die Mutter: Warum sie in all den vielen Jahren so selten wirklich zufrieden gewesen ist.

Doch dieses Jahr ist Allerheiligen kein Tag, an dem man weinen oder bei den Toten anklopfen möchte. Zu kräftig sind die Farben, zu gross ist die Wärme, zu hell und himmlisch das Licht. Lux aeterna luceat eis …

Wochen später – der blaue Novemberhimmel ist erloschen, die Tage und Nächte haben sich erkältet und Nebelschwaden kriechen wabernd über Gräber – komme ich nochmals her. Ich gehe durchs schmiedeeiserne Tor, vorbei an efeuüberwachsenen Hecken, hinauf zu den Gräbern. Von weitem schon ist das Plätschern des Brunnens zu hören, verlassen steht er da, flankiert nur von vier Birken mit schwarz-weissen Stämmen und kahlem Geäst. Sonst ist es heute still auf dem Friedhof. Nicht einmal eine Vogelstimme ist zu hören.

Langsam gehe ich über den Kies, lautlos schier, um mich in meinen Gedanken nicht selber zu stören. Unablässig greift der Nebel an. Kranzschmuck, Blumengestecke, Holzkreuze, Grabmäler aus Stein und Marmor, all das, was Hinterbliebene den Toten mitgeben, wirkt jetzt farblos und blass. Selbst die goldenen Lettern der Namen auf den Spruchschleifen beginnen abzublättern.

Und wie ich nun vor dem Grab der Eltern stehe, in der Nebellandschaft ohne Boden und Decke, steigt in mir diese unfreundliche, diese abweisende Sehnsucht hoch: Die Wehmut, wenn Erinnerungen, die auf immer verloren schienen, wieder aufwachen.

*

Als dein Vater starb, in einer fernen Stadt und ohne dass ihr euch von ihm hättet verabschieden können, in jenen Tagen, als niemand die grosse Orgel spielte, wurde dir mit einem Mal bewusst, wie wenig du von ihm weisst. Wie nah und fern er dir stand. Ratlos schriebst du ins Tagebuch:

Am Grab

*Ich versuche mir einzureden,
dass die Toten ihre Toten
zu begraben haben.*

*Aber im selben Augenblick
höre ich mich anklopfen
an die Wohnung derer,
die die Zeit verstossen hat.*

*Mein banges Warten am Wendepunkt
des Echos, in der Hand
nur diesen Strauss Hoffnung,
dass ihr Schweigen nicht das Letzte sei.*

*

Jahre sind vergangen. Das Grab von Grossmutter gibt es nicht mehr und allmählich vergilben auch die Grabfotos von Vater und Mutter. Auf den im Grabstein eingemeisselten Buchstaben setzt der erste Grünspan an.

Ich möchte mich umdrehen, in irgendeine Ferne blicken, möchte sicher gehen, dass für mich aus dem Grau des Nebels die Behausungen der Lebenden wieder auftauchen. Doch der Gärtner hat an allen Ecken des Friedhofs kegelförmige Koniferen gepflanzt. Mit grauen Tarnmasken aus Spinnweben stehen sie da, wie Wächter an der Grenze zwischen dem Hüben und Drüben. Mir bleibt jeder Fluchtweg verwehrt. Ich muss die wachsende Furcht vor dem Schweigen aushalten, das an diesem Ort herrscht.

An Tagen, an denen die Natur den Menschen die kalte Schulter zeigt, kennt auch der Friedhof kein Erbarmen. Der Zweig vom Lebensbaum ist jetzt im Weihwassergefäss eingefroren.

Friedhof Kerns,
November 2015

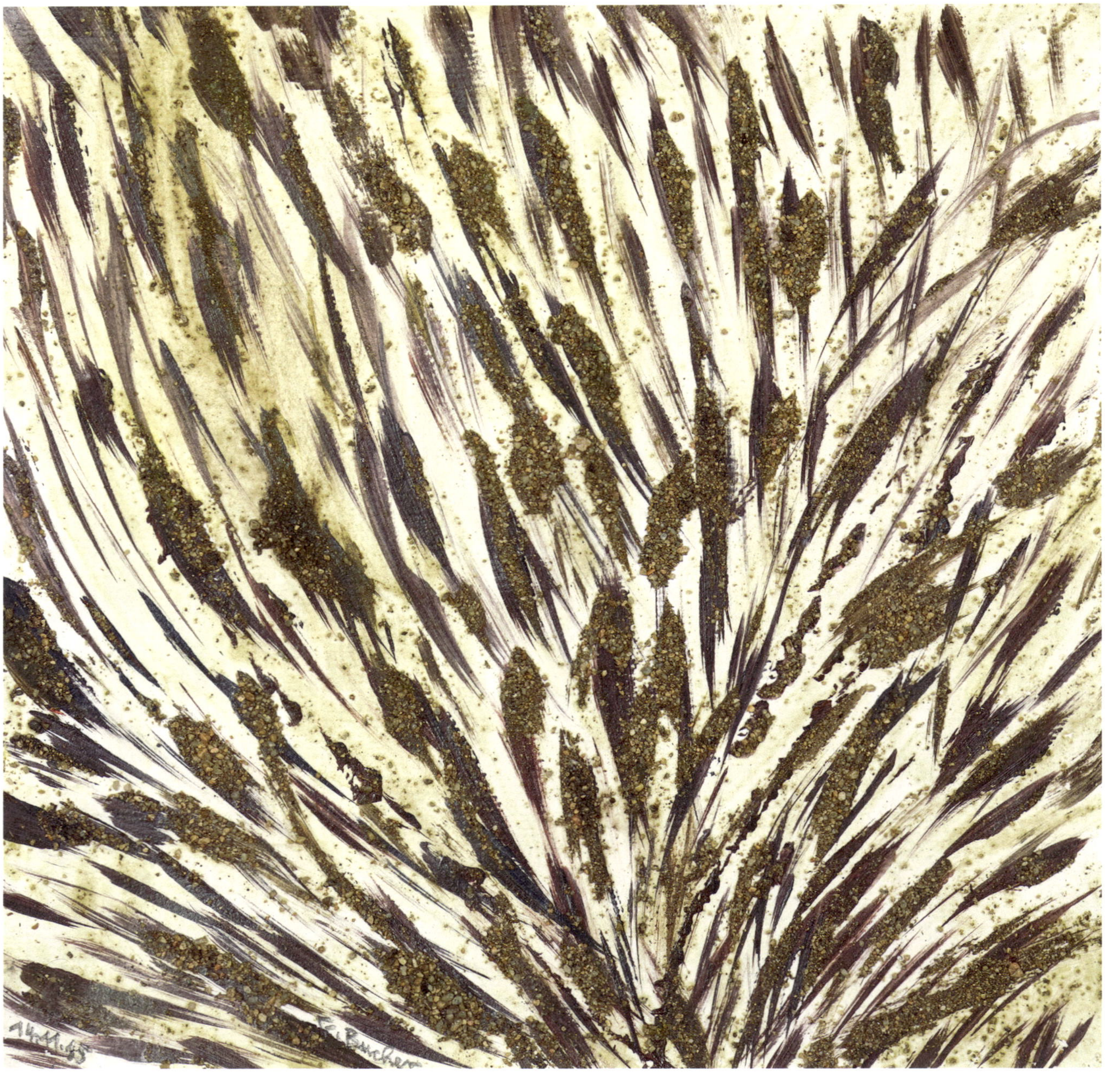
14.11.05
F. Bucher

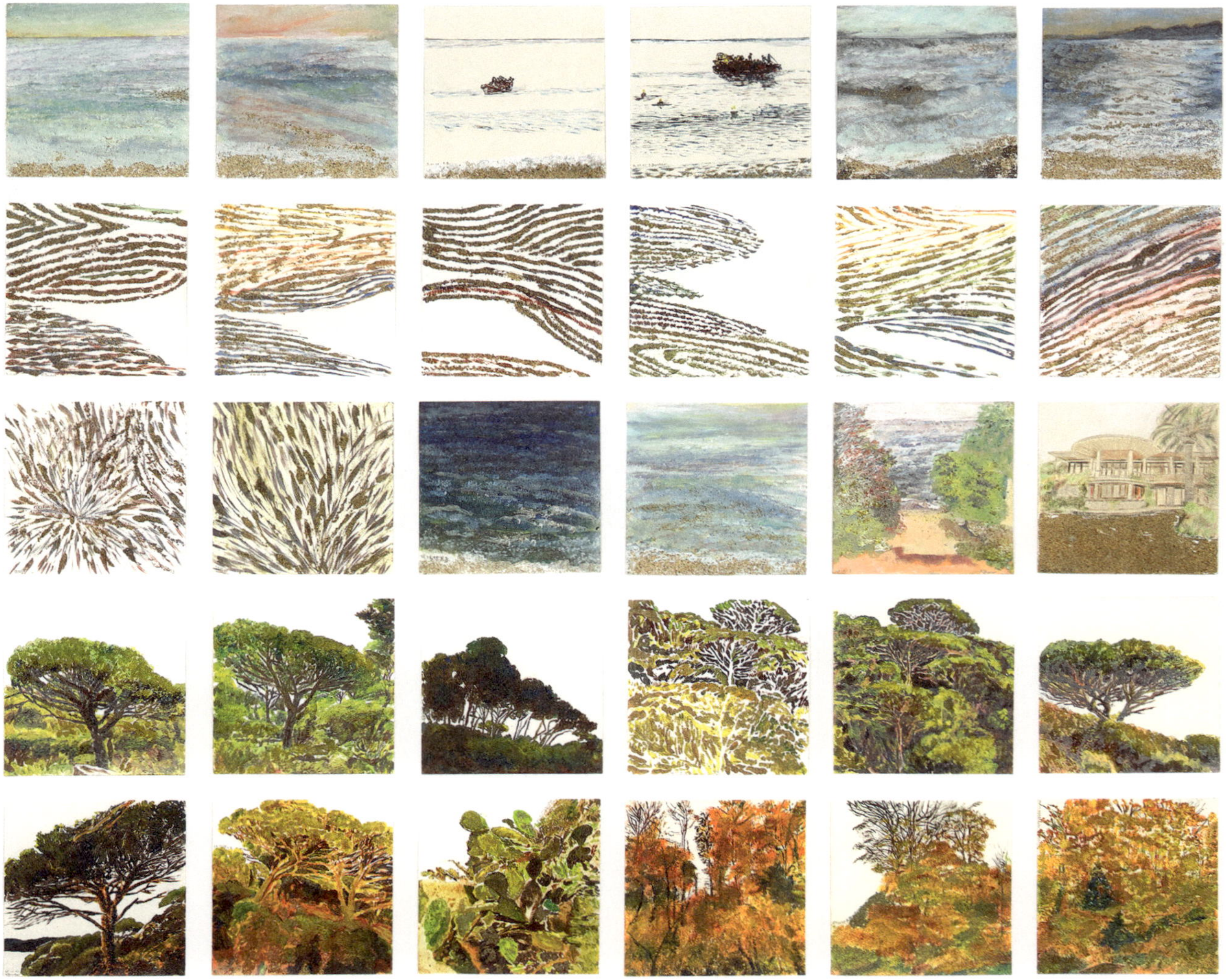

Dezember

23.12.15

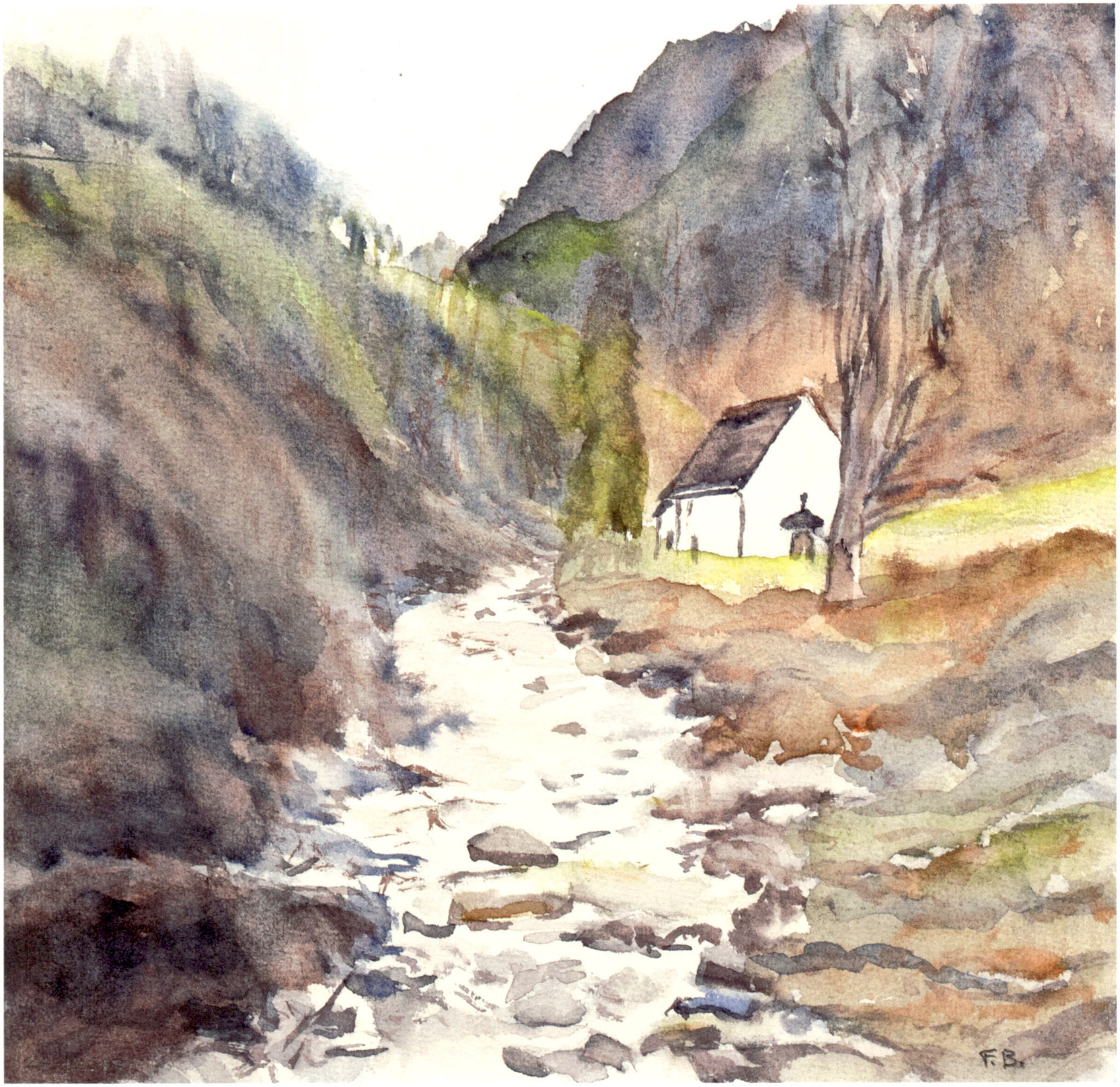
F.B.

Wunderbar behütet und verschont

Wir – ein Künstler, ein Musiker und ein Schreibender – stehen auf dem schmalen Holzsteg in der Ranftschlucht. Unter uns schäumt die wilde Melchaa. Ihr Wasser schiesst aus Erdhöhlen hervor, sucht den Weg hinab ins Tal: flutend, stockend, plätschernd, rauschend, tosend. Im Laufe der Zeit hat der Bach Schwemmgut und Baumstrünke vom Berg hinuntergetrieben. Mehr und mehr. Verwaschen und abgeschliffen sind die alten Steine, immer tiefer sinken sie ab. Schon als Bruder Klaus lebte, bestimmte das Wasser hier seinen Lauf selber. Und die Menschen lassen es bis heute gewähren.

Wie ein Silberstreifen liegt der Wildbach an diesem frühen Morgen in der Schlucht, schimmernd im Grau des anbrechenden Tages. Wir kneifen die Augen zu, blinzelnd flussauf flussab. Hier schwimmt man nicht gegen den Strom. Auch lässt man sich von der Strömung nicht flussabwärts treiben. Der Wildbach lehrt innezuhalten. Sich zu bescheiden. Man staunt über die Kraft des Wassers und bleibt in Frieden mit der ungezähmten Natur.

Im Jahr 1478 pilgerte eine vornehme Reisegruppe zum damals bereits weit herum bekannten Einsiedler Klaus von Flüe in diese Ranftschlucht hinunter. Der empfing sie mit wunderlichen Worten:

Wozu seid ihr in diese Gegend gekommen, an den Eingang dieser Wildnis? Um mich armen Sünder zu sehen? Ich fürchte, ihr findet nichts bei mir, das so vornehmen Leuten würdig wäre.

Auch wir sind heute Morgen den schmalen, in den Hang hinein gestuften Pfad hinuntergestiegen. Hinunter in jene Wildnis, wo die Klause des Einsiedlers steht. Möglich, dass auch wir mit falschen Erwartungen gekommen sind. An diesem letzten Tag im alten Jahr, an dem die Berge im Grau verschwinden, als ob es sie niemals gegeben hätte, an diesem Tag spüre ich, wie sehr auch ich das Alleinsein brauche. Alleinsein ist wie frische Luft zum Atmen. Wie Raum zum Nachdenken. Bruder Klaus hat dies gewusst, als er in den Ranft ging. Zu einem Prediger sagte er:

Weil ich in viele Geschäfte und weltliche Beamtungen verstrickt war, sah ich, dass ich in der Gesellschaft der Menschen dies weniger andächtig vollbringen könne. Darum zog ich mich häufig an diesen heimlichen und nahen Ort zu meiner Leidensbetrachtung zurück.

Ein Jahr lang sind wir – ein Künstler, ein Musiker und ein Schreibender – nun «in der Gesellschaft der Menschen» unterwegs gewesen. Jeder für sich. Nach der Sehnsucht wollten wir greifen. Jeder mit seinen Ausdrucksmitteln. Und doch haben wir von diesem oft vagen und schwer begreifbaren Gefühl nur eine Ahnung bekommen. Eine Gewissheit aber nahmen wir von unseren Reisen an verschiedenste Orte mit: Dass es immer und überall Menschen mit einer grossen Sehnsucht nach Frieden gab und gibt.

Der Ranft sei ein Kraftort für den Frieden, wird gesagt. Hierher hat sich der Mystiker Klaus von Flüe, getrieben von der unstillbaren Sehnsucht nach Frieden, zurückgezogen. Und er glaubte zu wissen, wo Friede zu finden wäre:

Friede ist stets in Gott, denn Gott ist der Friede.

Bloss ein Steinwurf vom Bach entfernt steht die untere Ranftkapelle. An ihrem Türmchen gibt es kein Zifferblatt, die Zeit muss hier schon vor langem stillgestanden sein. In dieser Kapelle begegnet der Pilger Bruder Klaus, und in diese Kapelle ziehen auch wir uns nun vor Nieselregen und Graupelschauer zurück.

Während mir die Fresken an den Seitenwänden von Visionen und Wundern des Heiligen erzählen, rücken all die Geschichten, die ich das Jahr hindurch gesammelt habe, die nicht gelesenen Bücher und angefangenen Manuskripte in den Regalen in weite Ferne. Vergessen ist, was ich einmal wollte. Vor mir nur noch diese Statue. Ein unbekannter Künstler hat die Gestalt von Bruder Klaus vor 500 Jahren in Lindenholz geschnitzt.

Aufrecht und bescheiden steht der Einsiedler auf dem Sockel. Die Füsse sind nackt. Der braune Rock reicht zu den Fersen. Die rechte Hand stützt sich auf einen Stock aus rohem Holz wie ihn Hirten in diesem Land noch immer benutzen. In der rechten Hand hält der Mystiker zwischen zwei Fingern einen Rosenkranz.

Ich sehe die markante Nase, die eingefallenen Wangen, den offenen Mund, das zerzauste, dunkelbraune Barthaar darum herum. Ich sehe jede Falte im hageren Gesicht. Und Augen, die mit wachem Blick über mich hinweg in irgendeine Ferne blicken.

Ganz nahe ist mir die Statue jetzt. Und doch auch weit weg. Wie ich in der Kirchenbank sitze, hinschaue und innehalte, habe ich mit einem Mal die Melodie eines Kirchenliedes im Ohr. Hier – vor dieser Statue – habe ich es zum ersten Mal gesungen. Eigentlich ist es kein Lied, sondern ein Gebet mit glaubhaft überlieferten Worten von Bruder Klaus:

O mein Gott und mein Herr, nimm' alles von mir
Das mich hindert gegen Dich.

*

Es war am 25. September 1957. An diesem Tag hatte die Sarner Pfadfinderabteilung «Bruder Klaus» früh anzutreten. Abmarsch nach Flüeli-Ranft: Fünf Uhr Dreissig. Tenü: Hut mit Lilie, khakibraunes Hemd, rotweisse Krawatte, kurze dunkelblaue Manchesterhose, Festtagsgurt mit breiter Schnalle und Pfadimesser. So der Tagesbefehl für das Bruder-Klausen-Fest.

Es regnete in Strömen. Als ihr nach flottem Marsch über die Allmend – vor der Kommunion selbstverständlich noch nüchtern – in der Kapelle niederknietet, riebst du dir den Schlaf aus den Augen und die Hühnerhaut von den nackten Oberschenkeln. Feurig war an diesem Morgen nur die Predigt des Präses. «Hier steht euer Schutzpatron und Vorbild», rief er euch zu und zeigte dabei noch und noch auf die hölzerne Statue. «Dieser einfache Obwaldner hat zwei Jahrzehnte auf Speis und Trank verzichtet. Nehmt euch ein Beispiel an ihm!» Wie der Gründer der Pfadfinderbewegung, wie Oberst Baden Powell, sei auch Bruder Klaus einst als christlicher Rottmeister in vielen Kriegen dabei gewesen. Ein heiliger Held. Ein Ehrenmann. Und auch Bruder Klaus habe – wie es das Pfadigesetz von euch verlange – die Anweisungen, die ihm sein Leiter im Himmel gab, stets ohne Fragen befolgt… «Amen!»

Zum Abschluss der Pfadimesse stimmte dann der Präses dieses Lied an, und ihr sangt aus voller Kehle mit. Sangt «Mein Herr und mein Gott, nimm alles von mir …», ohne zu meinen, was ihr da ausspracht. Nach dem Segen gab es nur noch eines: Ins Freie stürmen! Endlich Wurst und Brot essen.

Doch jählings bliebst du stehen. Da war dieses Bild an der Rückwand der Kapelle, das dich fesselte. Ehrlicher gesagt: dir graute davor. Auf einem steilen, felsigen Berg, der wie eine Insel in den Himmel ragt, kniet Bruder Klaus. Er streckt seine Arme zum Himmel und bittet den dreieinigen Gott, er möge die Heimat retten. Geschützt durch einen Kranz von Engeln ruft ein Älpler friedlich zum Beten. Ein Bauer melkt die Kuh, und fröhliche Leute tanzen um einen Baum voller Äpfel. Vom unteren Bildrand aber steigen ganze Menschenscharen mit Sack und Pack den steilen Weg hinauf. Niemand hält sie auf. Niemand schickt sie fort. Und du siehst auch, wovor sie fliehen. Unter der Insel schwimmen auf Schlachtfeldern Totenköpfe und Skelette in unermesslicher Zahl. Der Erste Weltkrieg als schauerlicher Totentanz.

Auf dich wirkte all dies wie eine andere Botschaft. Eine, die nicht aus der Welt der Pfadfinder kam. Bei euch Pfadfindern ging es zwar auch oft militärisch zu und her, doch wenn an der Melchaa ein Lagerfeuer brannte, war deine Welt friedlich und heil. Was in der andern, der realen Welt passierte, hörst du später vom Nachrichtensprecher im Radio. Und wenn dieser wieder einmal vom drohenden Atomkrieg zwischen den Grossmächten berichtete, betetest du zu Bruder Klaus. Betetest, wie ein Kind eben betet. Und die Zeile, die über der Friedensinsel Schweiz steht, blieb dir über all die Jahre in Erinnerung. Beruhigend tönte sie. Wie ein schönes Versprechen: «Wunderbar behütet und verschont.» Oder wie der Präses es sagte: «Verschont hat uns Gott – Behütet aber Bruder Klaus.»

*

Heute löst das Bild bei mir nicht mehr Schrecken aus. Auch nicht patriotischen Stolz. Eher Staunen. Befremden auch. Andere Bilder, wie man sie jetzt täglich zu sehen bekommt, Bilder ohne Skelette und Totenschädel, Bilder von Männern, Frauen und Kindern, die auf der Flucht vor Kriegen und Gräueltaten sind, bekümmern mich mehr. Sind brutaler. Sind wirklicher. Ungemein nahe und doch so weit weg vom Ranft.

Was ist es eigentlich? Warum pilgern Tausende – und auch wir – in den Ranft? Warum bitten die Leute diesen Bauern, der nicht lesen und nicht schreiben konnte, noch immer um seinen Rat?

Bruder Klaus hat nicht viel geredet. Zeitgenossen berichteten, dass er auf Fragen nur «schlichten und kurz abgemessenen Bescheid» gab. Die wenigen Worte aber, über die wir seine Stimme bis heute hören, haben ihre Richtigkeit behalten.

Und solche Worte will ich am Ende dieses Jahres ins Tagebuch schreiben, damit unsere Sehnsucht nach Frieden darüber hinaus lebendig bleibt. Es sind Worte, die der Mystiker im Ranft Behörden in Konstanz und Bern zukommen lassen hat:

*Mein Rat ist auch, dass Ihr gütlich seid in dieser
Angelegenheit, denn ein Gutes bringt das andere.*

*Frieden kann nicht zerstört werden. Unfrieden aber
wird zerstört. Darum sollt ihr darauf achten,
dass ihr auf Friede baut, Witwen und Waisen beschirmt,
wie Ihr es bisher getan habt.*

Flüeli-Ranft,
Dezember 2015

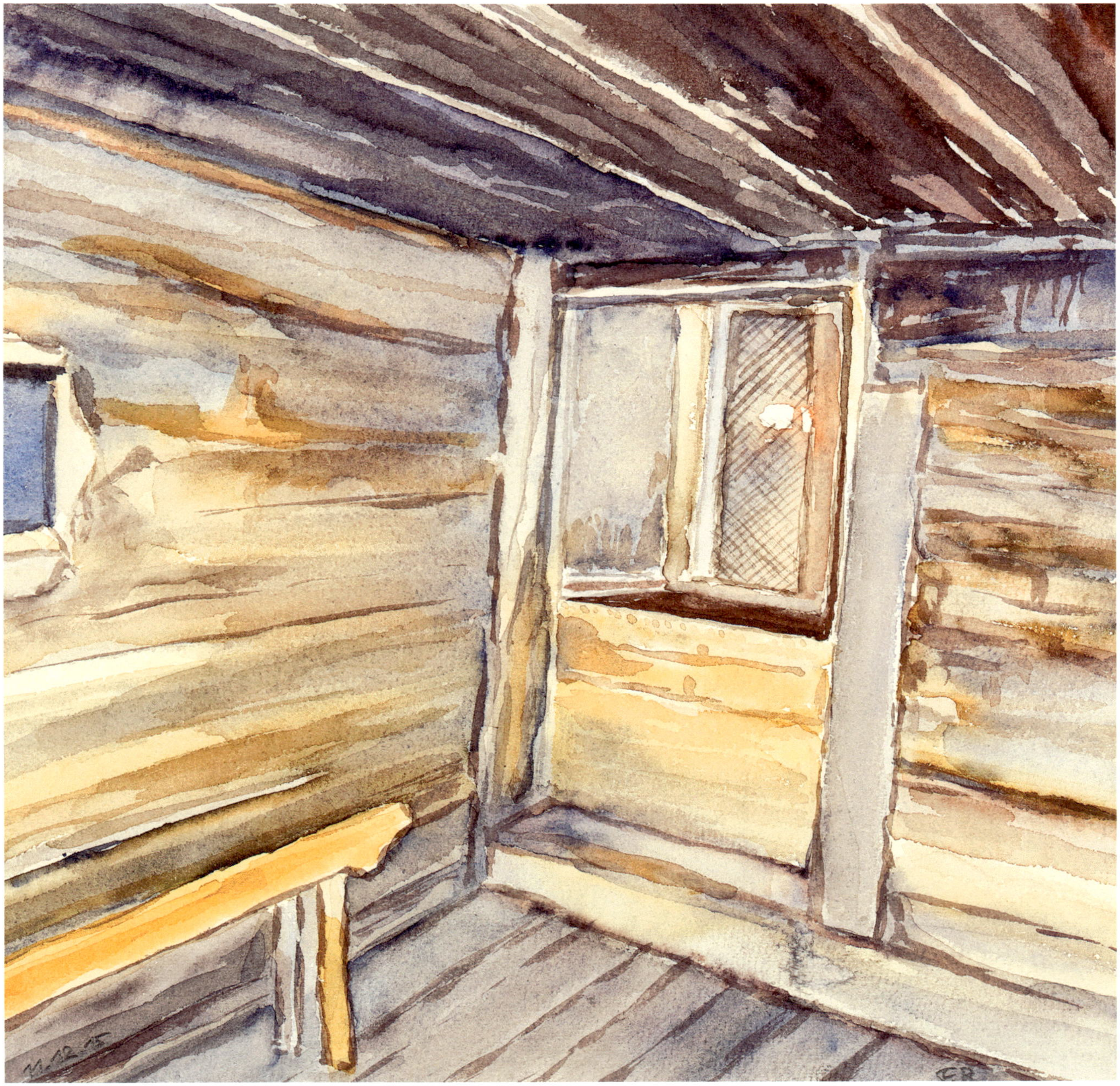
11.12.15

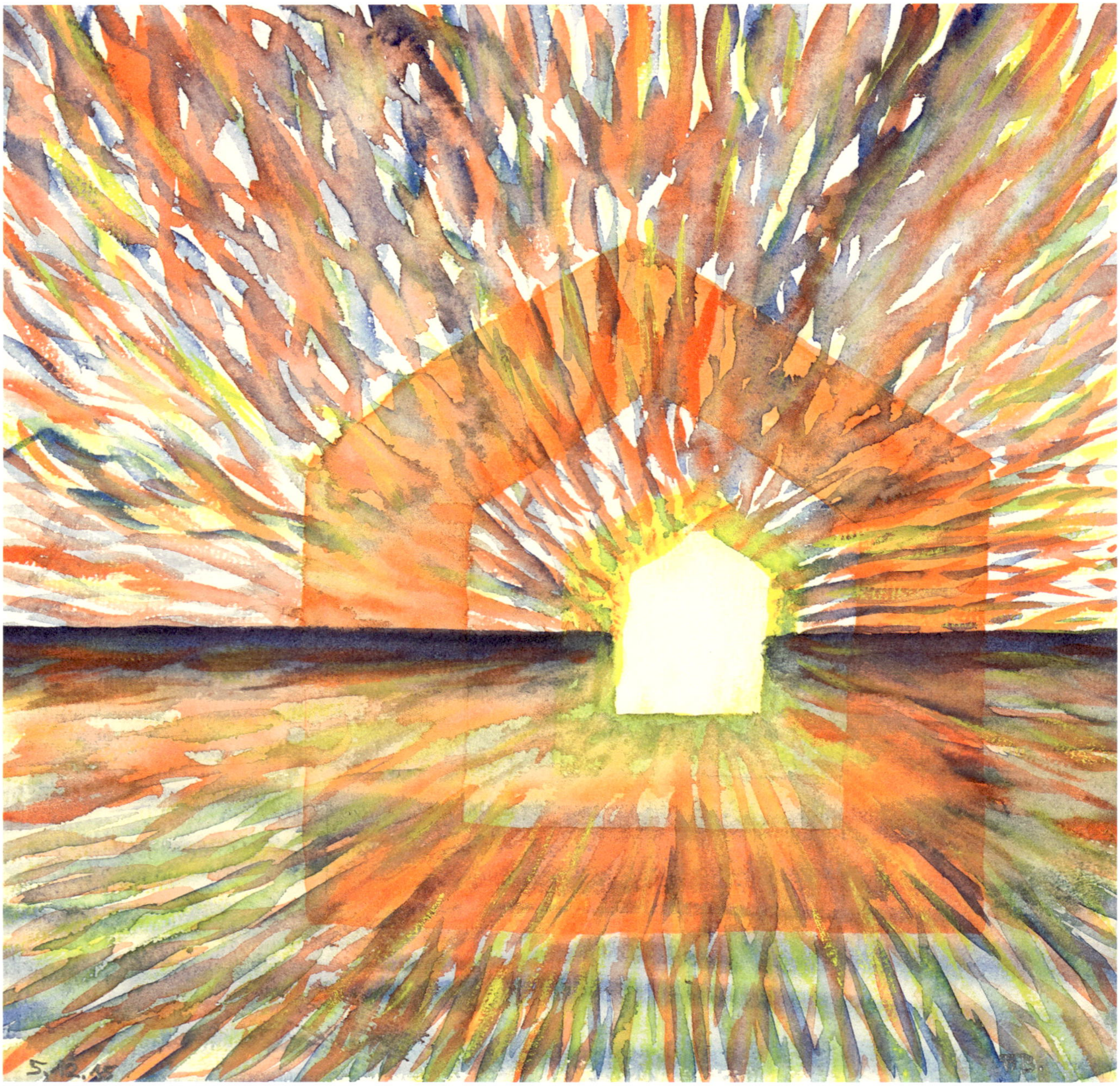

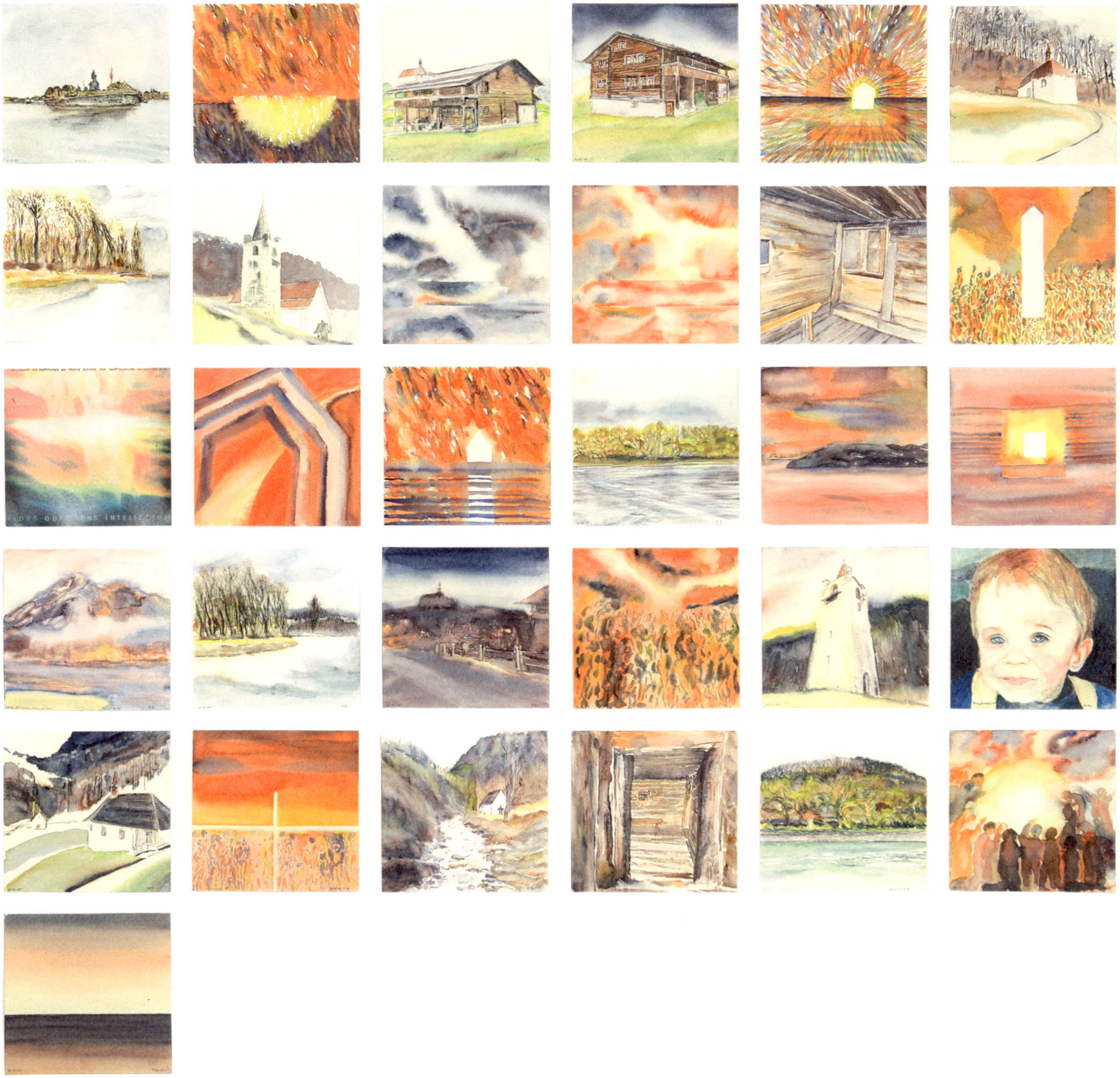

Sehnsucht in Klangbildern

Januar	Engelberg:	Jahrhunderte, Schnee, Labyrinth
Februar	Frankfurt:	Zug, Beharrlichkeit, Gastfreundschaft
März	Athen:	Umbruch, Taxi, Aufbruch
April	Poschiavo:	Ehrfurcht, Pizzoccheri, Berge
Mai	Tunis:	Medina, Neugier, Couscous
Juni	Horw:	Basis, Zuhause, Vertrauen
Juli	Manila:	Energie, Ankunft, Freundschaft
August	Taipeh:	Konzentration, Gelassenheit, Oolong Tee
September	Perugia:	Staunen, Genuss, Geschichte
Oktober	La Croix-Valmer:	Sand, Oliven, Salz
November	Wilen:	Wasser, Spiegelung, Ankunft
Dezember	Flüeli-Ranft:	Erkenntnis, Kargheit, Einkehr

CD mit Perkussions - Klangbildern von Christian Bucher im hinteren Buchdeckel.

Andreas Glauser: Aufnahme, Mix und Mastering
www.brainhall.net

Künstler-Portraits

Franz Bucher

Geboren 1940 in Sarnen (OW).
Schule für Gestaltung in Basel und Luzern.
Dozent im Nebenamt für Bildnerisches Gestalten
am Seminar Zug und an der Hochschule Luzern.
Lebt und arbeitet in Horw (LU) und Wilen (OW).

Franz Buchers Werk umfasst Malerei, Zeichnungen, Holzschnitte, Radierungen, Relief sowie Wand- und Glasbilder. Die Zeichnung nimmt dabei einen besonderen Stellenwert ein. In Form eines Tagebuches beschäftigt sie ihn täglich.

Jährliche Einzelausstellungen. Kunst am Bau. Werke in öffentlichen und privaten Sammlungen, Kirchen und Museen. Beteiligungen an Biennalen und Grafik-Triennalen in Europa, Amerika und Asien.

Zahlreiche Preise: u.a. Eidgenössisches Kunststipendium (Swiss Art Awards) 1972, 1974, 1975, Horwer Kulturpreis 1992, Obwaldner Kulturpreis 1996.

Über Franz Bucher erschienen mehrere Kunstpublikationen. www.franzbucher.info

Romano Cuonz

Wurde 1945 in Chur geboren und lebt heute in Sarnen.

Ursprünglicher Beruf: Sekundar- und Berufsschullehrer. Von 1978 bis 2010 Redaktor und Moderator bei Radio SRF. Schriftsteller und Kolumnist.
Veröffentlichungen in Mundart und Hochdeutsch.

Lyrik: u.a. «Wenn d Sunnä durä Näbel schynd».
Kurzgeschichten: u.a. «Schräg in der Landschaft» (Verlag Martin Wallimann).

Hörspiele und Theaterstücke: u.a. «Z' Läid und z' Trotz» (Radio DRS) und «Häxä machä» (Theater Giswil).

Essays: u.a. «Josef Durrer – Franz Josef Bucher» und «Viktor Röthlin Marathonläufer».

Auszeichnungen: u.a. Federer Buchpreis 1988. Schweizerischer Preis für Mundartliteratur 1999. Kulturpreis des Kantons Obwalden 2013.

www.cuonz.ch

Christian Bucher

Geboren 1969 in Zug, wohnt in Horw (LU).

Musikstudium an der Universität Bern, ACM Zürich und Musikhochschule Luzern.

Konzerttätigkeit als Schlagzeuger und Perkussionist, teils in Verbindung mit anderen Kunstsparten wie Malerei, Bildhauerei, Fotografie, Video, Installation, Performance, Architektur, Literatur, Theater, Film und Tanz.

Auftritte als Solist, in unterschiedlichen Ensembles, Bands und diversen musikalischen Projekten.

Zahlreiche CD-Einspielungen, Radio-und TV-Ausstrahlungen sowie Festivalauftritte im In-und Ausland.

Konzerte und Tourneen in 47 Ländern in ganz Europa, Afrika, Asien, Australien, Nord- und Südamerika.

www.christianbucher.ch